一口气读完大元史

（修订版）

孙秀玲 著

長春出版社
全国百佳图书出版单位

图书在版编目（CIP）数据

一口气读完大元史 / 孙秀玲著. — 修订版. — 长春：长春出版社，2023.1

ISBN 978-7-5445-6937-8

Ⅰ. ①一… Ⅱ. ①孙… Ⅲ. ①中国历史–元代–通俗读物 Ⅳ. ①K247.09

中国版本图书馆 CIP 数据核字（2022）第 227147 号

一口气读完大元史（修订版）

著　　者　孙秀玲
责任编辑　孙振波
封面设计　楠竹文化

出版发行　长春出版社
总 编 室　0431–88563443
市场营销　0431–88561180
网络营销　0431–88587345
地　　址　吉林省长春市长春大街309号
邮　　编　130041
网　　址　www.cccbs.net

制　　版　佳印图文
印　　刷　吉林省科普印刷有限公司

开　　本　880毫米×1230毫米　1/32
字　　数　186千字
印　　张　9
版　　次　2023年1月第1版
印　　次　2023年1月第1次印刷
定　　价　39.80元

前　言

元朝是中国历史上第一个以少数民族统治者为主建立起来的全国政权。这个少数民族就是“马背上的民族”——蒙古族。

蒙古帝国创建于1206年，在成吉思汗的统率下，蒙古铁骑掀起了一个又一个震惊世界的扩张浪潮。成吉思汗死后，他的子孙继续以武力续写着蒙古帝国的辉煌。时至1271年，大元王朝累经战乱与血腥，终于从历史的尘封中破土而出。

这个由成吉思汗的孙子忽必烈建立的大元王朝，挥师南下消灭了南宋王朝，入主中原，实现了全中国的重新统一。新兴的大元帝国气势恢宏，疆域横跨欧亚大陆，版图约为3000万平方千米。

除了疆域广袤、军事强大之外，大元帝国在交通、海运贸易和科技等方面都创造了辉煌的成就。

然而，这个马背上得天下的民族习惯了游牧生活，虽然也试图下马治天下、融入汉族文明之中，但对中原历代王朝演绎留存下来的政治、经济和文化制度消化不良，不善于吸收和利用，以至于无法在马下泰然执政，不能顺应时代发展的新要求。

因此，这个强大而繁盛的帝国变得水土不服，虽无外患却内忧不断，政治上变得笨拙而又脆弱。放下战刀、马放南山之后，曾经不可一世的元朝军队在不到一个世纪的短暂时光里，逐渐蜕化成一支瑟瑟发抖的虚弱之师。当中华大地再次因为农民起义而烽烟四起，大元帝国便威风扫地、轰然坍塌了。

大元王朝的覆灭与其兴起同样合乎逻辑，也同样惊心动魄。这一切究竟是历史的必然，还是统治者的宿命？仁者见仁，智者见智，众说纷纭。相信读者朋友们，翻开这些飘逸着墨香的历史书页，自会找到您自己的答案！

目　录

胡马，胡马，远放燕支山下。

跑沙跑雪独嘶，东望西望路迷。

迷路，迷路，边草无穷日暮。

——〔唐〕韦应物《调笑令·胡马》

大漠狼烟

1206 年的大漠之南，中国大地上依旧呈“三足鼎立”之势：江南有汉族人的南宋，北方有女真人的金朝，西部有党项族的西夏。

而大漠之北的这一年春季，在斡难河（今鄂嫩河）河畔，蒙古族的权贵们召开了忽里勒台大会，推举 44 岁的铁木真为大可汗，尊称“成吉思汗”，正式建立了蒙古国。

尔后，这个强悍的民族，凭借着金戈铁马，以气吞万里之势入主中原，不仅改写了中国的历史，而且建立了统一的封建王朝——元朝。蒙古民族在广袤的东亚大地上演绎了一幕幕波澜壮阔的历史剧，影响着世界历史的进程。

关于蒙古民族的起源，学术界莫衷一是。不过，现今多数学者认为，蒙古民族的族源出自东胡。司马迁在《史记》中说：“在匈奴东，故曰东胡。”匈奴原是中亚大草原上的游牧民族，西汉时期东侵至黄河河套地区，被汉朝军队击溃之后，主体部落逐渐西迁。而遗留在河套以东的与匈奴同一族源、讲不同方言的零散部落则被统称为“东胡人”。

东胡人历经无数次起起落落之后，到公元 4 世纪中叶，迁徙到鲜卑山（今大兴安岭）一带，又被称为“鲜卑人”。这时的鲜卑人分为两支，其中生活在潢水和老哈河流域一带的称为“契丹”，而活动于今呼伦贝尔地区的一支则称为“室韦”。室韦被当时的突厥人称为“达怛”（鞑靼）。

隋朝时期，室韦分化为五大部分：南室韦、北室韦、钵室韦、深末怛室韦、大室韦。各部又分为若干分支。其中，大室韦的一个分支，在《旧唐书》中被称作“蒙兀室韦”。“蒙兀”被学者们认为是“蒙古”的同名异译，因此我们也就在这里找到了“蒙古”一词的出处。

蒙古的正音是“忙豁勒”“蒙古勒”，意为“以蒙部族为总中心的至高无上的天国蒙古”，因为在蒙古人的眼里，他们是“天命所生”，是吉祥的象征，是不可战胜的。

作为大室韦的一个分支，这时的蒙古族还只是由捏古斯和乞颜两个氏族组成的小部落，居住在今天我国黑龙江省额尔古纳河岸的山野森林中，从事狩猎生活。

大约公元 8 世纪，也就是唐朝中期，他们离开山林，“逐水草而迁移”到了漠北，在斡难河和怯绿连河（今克鲁伦河）上源的不儿罕山，也就是今蒙古国境内的肯特山一带，和原来生活在那里的突厥、回纥等讲突厥语的部落杂处在一起。

安定下来的蒙古人，也逐渐由狩猎部落过渡为游牧部落。随着年轮的转换，生活在这一带的匈奴、突厥、蒙古等民族长期互相通婚，彼此的语言、习俗都有了变化，民族界限已不再明显。

经过若干年的繁衍生息，蒙古部落已从原氏族里演变出乞颜、札答阑、泰赤乌等许多各自独立、互不统属的大小不一的后代部落。

同时，草原上还有其他与蒙古族血统相近的部落。比如，生活在锡林郭勒北部的塔塔儿[①]部；在呼伦湖东南，贝尔湖至哈拉哈一带的翁吉剌部；居于色楞格河下游的蔑儿乞部；叶尼塞河下游的斡亦剌惕部。此外，还有以鄂尔浑河上游为中心的克烈部（属突厥语系），靠近阿尔泰山的乃蛮部，以及漠南的汪古部，等等。其中，塔塔儿部势力最为强大。

916年，大兴安岭一带的鲜卑后裔契丹人崛起，建立了契丹国，并于947年定国号为“辽”。契丹国建立后雄踞北方，蒙古草原上的诸部落纷纷归降，皆为契丹属部。但是，契丹人横征暴敛，令下属各部不能忍受，频频激起反叛。在难以计数的混战中，蒙古部落在漠北地区逐渐成为一股比较强大的势力。

时光飞逝，北宋宣和七年（1125），盛极一时的辽朝被女真族建立的金政权消灭，蒙古草原各部转归金朝统辖。这时，大漠上

---

① 塔塔儿（Tatar），又称“鞑靼”，一度是蒙古草原各部的通称。

的蒙古各部除了从事畜牧业外，也开始有了简单的手工业、锻冶业和木器业。而居住在南边的蒙古部族已经学会了农业生产。只是，经济的发展并没有带来和平环境，为了生存，各部之间依然不断地相互攻杀，彼此掠夺奴隶、牲畜和有限的牧场。

对于金朝的统治，除汪古部外，草原上的蒙古各部时服时叛，不断袭扰金朝的北部边境，其中塔塔儿、蒙古二部尤其活跃。

在此期间，蒙古各部推举哈不勒为首领。据记载，哈不勒生得雄健异常，能力敌万人，深受族人尊敬，更令邻部慑服。因此被推为蒙古部酋长。

金朝为了强化统治，常常制造祸端，挑起草原各部间的争斗，使之互相敌对、宿仇积怨，争战不休，借以削弱蒙古各部的势力。

金朝第五任皇帝完颜雍统治时期（1161—1189），金朝还要每三年派兵到蒙古草原上屠杀一次，称为“减丁”。加之草原部落之间的混战、掳掠以及连绵不断的仇杀，使得整个草原哀鸿遍野，陷于动荡不安之中。

秋风紧，平碛雁行低，阵云齐。萧萧飒飒，边声四起，愁闻戍角与征鼙。青冢北，黑山西。沙飞聚散无定，往往路人迷。铁衣冷，战马血沾蹄，破番奚。凤凰诏下，步步蹑丹梯。

——〔五代〕毛文锡《甘州遍》

马蹄声狂乱

南宋绍兴三十二年（1162），在风起云涌的大草原上，哈不勒的次子把儿坛把阿秃儿的第三子也速该，因出类拔萃成为蒙古部族的首领[①]。这一天，也速该与塔塔儿人鏖战取胜，洗劫了敌方的马群和财产，还俘获了敌将铁木真。得胜班师，也速该回到迭里温·孛勒答合（今蒙古国肯特省达达勒县境内）的家中时，正逢妻子诃额伦生下一子，这是他的长子。也速该大喜，为了纪念这个喜庆的日子，就以俘获的塔塔儿部大将铁木真之名为自己的儿子命名，这个婴儿就是后来震惊世界的成吉思汗。

然而，出生在蒙古贵族家庭的孩子也并不意味着幸福，这个

① 哈不勒死后，泰亦乌部的俺巴孩成为蒙古部的首领。但是，后来因为到塔塔儿部选妻时被塔塔儿人抓起来送给金朝，金朝将他用“木驴”处死。俺巴孩死后，哈不勒的第四子忽图剌为首领。忽图剌死后，也速该被推举为新首领。

乞颜部孛儿只斤氏家的长子，在9岁[①]那年，就匆匆地告别了轻松自在的童年生活。

那一天，铁木真9岁，被父亲带到另一个部族中去选妻。在行至扯克彻儿、赤忽儿古两山之间时，偶遇翁吉剌惕部婆速火族的首领德薛禅。德薛禅看见铁木真“眼中有火、脸上有光”，便决意将自己10岁大的女儿孛儿帖许配给相貌非凡的铁木真，并要求把女婿铁木真留在自己家里住上一阵子。也速该答应了，留下儿子，只身回转斡难河的家中。

在返回途中，也速该正巧遇到塔塔儿人在举行宴会，于是按照草原上的习惯，下马参加宴饮。主人的态度很友善，也速该便开怀畅饮了几杯，饱餐一顿，就离开了。也速该却不知食物被下了毒药，回家后不久便毒发而死。

也速该的死讯传来，铁木真赶回家中。这时，臣服于也速该的泰赤乌部已经脱离而去，也速该的其他部众也纷纷离开，家产、牲畜被哄抢一空，马厩中仅剩下九匹老马。往日的荣华富贵一夜之间烟消云散，家道中落的铁木真与新寡的母亲以及三个年幼的同胞弟弟、一个小妹妹、两个同父异母的小弟弟，开始了艰难的平民生活。

为了维持生计，他们靠采拾野果、挖掘野菜为食，铁木真还

---

① 这是《蒙古秘史》的说法。洪钧的《元史译文证补》里认为是13岁。

带着弟弟们在河中捕鱼，供养全家人的生活。在这困苦生活中，母亲诃额伦常告诫孩子们：不要忘记恢复祖业，为父亲报仇。

日子一天天过去，这个破落的家族始终挣扎在生存的边缘。但是，也速该的旧臣泰赤乌部的首领塔尔忽台并没有忘记他们。塔尔忽台梦想称霸蒙古，却担心这个“眼中有火、脸上有光”的铁木真羽翼丰满之后成为后患，便设法将铁木真抓住，给他戴上枷锁，叫人押解到各处的“村营”里示众，令铁木真备受侮辱。

一天夜里，趁塔尔忽台饮酒作乐之时，铁木真用枷锁打昏看守逃走了。泰赤乌部人发现后，四处搜索，铁木真得到了泰赤乌部的一个叫锁儿罕失剌的奴仆的帮助，侥幸脱逃。回到家中，找到母亲和弟弟妹妹们，铁木真一家人逃往桑沽儿小河边（今克鲁伦河支流臣赫尔河）的合剌主鲁格山下生活。但是，安定的生活没过多久，铁木真家又来了马贼。在追赶盗贼的路上，铁木真幸遇一位富人家的儿子博尔术，在他的帮助下，追回了被盗的马匹。顺便提一下，博尔术后来成了铁木真的第一个追随者。

星移斗转，铁木真在离开岳父德薛禅家之后，已经与未婚妻孛儿帖分别了数年。在母亲的催促下，铁木真依记忆找到了岳父家，并在岳父的主持下，与孛儿帖结了婚，并由岳母护送他们回家。成家之后，铁木真决定重振家业。

父亲早逝，铁木真自幼便身负重托、历经生活的磨难和挫折，再加上母亲的教育，造就和培养了他刚毅的性格，并练就了过人的胆识与谋略。但是铁木真知道，自己身单势孤，要想反抗泰赤乌贵族的欺压，重振家业，就必须寻求强大势力的支持。于是，他与弟弟哈撒儿、别勒古台一起去找父亲的至交——克烈部首领王罕，并将妻子孛儿帖的嫁妆黑貂鼠皮袄奉送给王罕，并尊其为父，决心依附。

王罕接受了铁木真的归顺，表示愿意给予铁木真强大的支持和庇护。随后，通过王罕，铁木真又取得了札答阑部首领札木合的支持；札木合与铁木真从小就是朋友，札木合年长一些。同时，铁木真又找到了博尔术，希望博尔术能成为自己的“那可儿”，也就是扈从，博尔术欣然同意。尔后，住在罕山附近的兀良哈部人札儿赤兀歹及其儿子者勒蔑也投奔了铁木真，愿意做他的奴隶。

在王罕的帮助下，也速该死后离散的部众开始渐渐回归，铁木真家族被人抛弃的时代结束了。但是，就在铁木真羽翼未丰、立足未稳之时，蔑儿乞部决定趁此机会袭击铁木真的营地。实施这次袭击的是三个蔑儿乞部落，由各部首领带领，分别是兀都亦惕蔑儿乞部首领脱黑脱阿、兀洼思蔑儿乞部首领答亦儿兀孙和合阿惕蔑儿乞的首领合阿台答儿麻剌。他们掳走了铁木真的妻子孛儿帖，将她配给蔑儿乞人赤勒格儿孛可为妻，以报当年也速该劫走诃额伦之仇①。

---

① 当时，部落间的相互攻杀和劫掠，不但抢草场，抢家财，也抢女人。铁木真的母亲诃额伦就是也速该抢来的，部落之间的血海深仇就是这样产生的。

战败的铁木真求助于王罕。王罕建议他寻求札木合的支持。铁木真派哈撒儿、别勒古台去请求札木合的援助，札木合立即伸出援手。在孛儿帖被劫走大约九个月之后，铁木真、王罕和札木合联合出兵，向居住在色楞格河支流勤勒豁河畔的蔑儿乞部发起攻击。

由于战事突然，蔑儿乞部的首领们毫无防备，未能实施有效抵抗，遭遇失败，合阿惕蔑儿乞的首领合阿台答儿麻剌被杀，另两部首领则带着随从逃走，躲到贝加尔湖以东一带，孛儿帖重新回到铁木真的身边。

此事发生在南宋淳熙十二年（1185）。

莫独狂，祸难防。寻思乐毅非良将，直待齐邦扫地亡，火牛一战几乎丧。赶人休赶上。

——〔元〕马致远《双调·拨不断》

把兄弟决裂

征服了蔑儿乞部之后，铁木真在蒙古诸部族中开始显露头角，慕名而来的草原勇士们逐渐聚集到铁木真的麾下。

这时，铁木真和札木合两队人马一同回到斡难河附近一个叫“豁儿豁纳主不儿”的地方，彼此相邻着安营扎寨。在随后一年多的时间里，越来越多的追随者投奔他们。

俗话说，一山容不得二虎。渐渐地，两人的关系变得有些微妙，虽然没有决裂，但铁木真还是决定离开札木合，独立安营。

铁木真移营到古连勒古山地区、距离桑沽儿河不远的合剌主鲁格小山。南宋淳熙十三年（1186）春，独立扎寨的铁木真已经吸引了 20 多个草原小部落的追随，追随者们热烈盟誓，愿拥戴铁木真为汗，希望跟随他开疆拓土，帮助他成就汗王霸业，这样各自也可以攀龙附凤、飞黄腾达。

同时，一些颇有名望的乞颜贵族也看中铁木真的潜力，积极向他靠拢。比如，铁木真的叔父答里台、伯父涅坤太子的儿子忽察尔、哈不勒的长支主儿乞氏的首领撒察别乞、伯父忽图剌汗的儿子阿勒坛等等。这些人虽然具有被拥立为汗的实力，却不愿与这股新生力量抗衡，只希望借助铁木真的力量去掠夺更多的财富和奴隶。

南宋淳熙十六年（1189），铁木真被蒙古贵族们推举为汗。铁木真的家族，也把统一蒙古、复兴蒙古的希望寄托在铁木真身上。

为了巩固统治地位，铁木真着手建立政治军事制度，成立了“怯薛”兵，也就是护卫军，分设带弓箭的、管猎鹰的、掌管牧羊的、管修造车辆的、管家内人口的、管带刀的、掌驭马的、管牧养马群的、负责远哨的和守卫宫帐的等十种职务。担任这些职务的人员，除弟弟别勒古台、哈撒儿外，几乎全是他的“那可儿”（亲信扈从），博尔术、者勒蔑被任命为那可儿之长。

这个制度虽然很原始、粗陋，但是，已经初现国家机构的雏形，新的政治建制，从制度上扭转了蒙古各部落组织散漫、互不统属的分裂局面。铁木真还制定并实施了严格的军事纪律，为造就一支精悍的军队打下了基础。

实际上，比起其他蒙古部落，铁木真的势力仍然弱小。泰赤乌、札答阑等部的实力都在他之上，铁木真家族的领地只限于怯绿连河（今克鲁伦河）上游，属众也不多。因此，要想在征战中取胜，铁木真还离不开强大的克烈部首领王罕的支持。幸运的是，王罕得知铁木真称汗的消息后很高兴，并且认可了他的地位。但是，泰赤乌部贵族对铁木真的崛起却不能容忍，札木合对铁木真的离去与称汗更是不满又不安。

南宋淳熙十六年（1189）的一天，札木合的弟弟给察儿劫走了铁木真部属拙赤答儿马剌的马群，拙赤答儿马剌紧追不舍，并且趁夜将给察儿杀死，夺回了马群。事发后，札木合大为恼火，积蓄已久的怨恨一触即发。

札木合“雄勇有大义，能用其民”，作战极其在行。也速该死后，泰亦赤兀特、亦奇烈思、巴鲁剌思、豁罗剌思等诸部均依附于札木合。依实力，札木合攻打铁木真完全是胜券在握。

于是，札木合联合泰亦乌部，起兵3万，分十三翼讨伐铁木真。铁木真得报后立即准备应战，将自己的军队共3万人也编成十三翼迎战。其中，第一翼是铁木真母亲诃额伦率领的亲族、部属、侍臣和奴仆们；第二翼是铁木真亲自统领的诸子、那可儿和护卫队；第三翼至十一翼是乞颜各贵族率领的族人；第十二、十三翼由前来依附的旁支尼鲁温氏族成员组成。

双方在答阑巴勒主惕摆开了战场。这一战就是蒙古历史上赫赫有名的“十三翼之战”。

这是铁木真有生以来第一次独立指挥作战，无论是战斗能力还是指挥经验都不及札木合。果然，战斗一打响，札木合就旗开得胜，铁木真则大败而逃，躲到斡难河之南的哲列捏山口（在今呼伦泊之西北）。札木合整军而回，这场战争就算结束了。为了发泄心中的愤怒，札木合将归附铁木真的赤那思部首领察合安、兀洼思的头砍下，挂在自己坐骑的马尾之上；在归途中，又将被俘虏的铁木真部众活煮了。

札木合的残暴之举，令追随他的部众们心惊胆寒，纷纷逃走。同样，泰赤乌部的贵族首领对部众也一样凶恶暴虐。残酷的现实教会了铁木真如何笼络人心，对自己的部属采取了宽仁、关怀的态度。于是，札木合和泰赤乌部的部属们陆续投奔铁木真。晃豁坛氏的蒙力克也带着他的 7 个儿子归附了铁木真。

如此一来，经过十三翼之战，铁木真虽败犹胜，实力反而更加壮大了。

鸡禄山前游骑，边草白，朔天明，马蹄轻。鹊面弓离短帐，弯来月欲成。一只鸣髇云外，晓鸿惊。

——〔唐〕孙光宪《定西番》

乱世枭雄

铁木真一直念念不忘为父亲报仇，但是，塔塔儿部人多势众，在蒙古诸部中不仅势强、富有，还有金朝这座靠山。铁木真只能等待时机。

南宋庆元二年（1196），这个时机终于让铁木真等到了。

自金初以来，金朝一直利用塔塔儿部为他们防卫北路边墙，利用塔塔儿部与其他各部相互牵制，在金朝与蒙古各部之间发挥缓冲作用。但是，塔塔儿部也不完全听话，有时也与金作对。南宋庆元元年（1195），塔塔儿部乘金军攻打其他蒙古部落回营时，拦夺了金军的羊马，惹怒了金朝。

南宋庆元二年（1196），金朝第六任皇帝金章宗派兵镇压塔塔儿部。塔塔儿部溃败而逃，向斡里札河退却。铁木真立即联合王罕，配合金兵夹击塔塔儿，乘机报了世仇，斩杀了塔塔儿部的首领薛古勒图，劫获大量战利品。掳获的战利品中还有“银摇车和饰有珠宝的被子”，这在当时的蒙古人眼里，是罕见的奢侈品，能获得这种宝物是很了不起的大事。而铁木真“为父报仇”、出兵援金的壮举，不仅在蒙古各部中赢得了声望，还受到了金朝的封赏。金朝加封铁木真为“札兀特忽里”（部落统领），封王罕[①]为“王”。

此后，塔塔儿人在蒙古诸部中不再拥有任何优势。铁木真则因为金朝的册封而提高了政治地位，以部落统领的身份号令蒙古部众、统辖其他贵族，同时也缓和了蒙古与金朝的矛盾，减轻了来自金朝的军事压力，为他统一蒙古诸部创造了有利的政治环境。

铁木真的威望与日俱增，但是，铁木真麾下的蒙古各部之间仍然矛盾重重，战事不断。

出兵截击塔塔儿部之时，铁木真曾征集乞颜氏的长支族“主儿乞氏部”的撒察别乞、泰出等族人助战，主儿乞氏部不仅没有出兵，还乘铁木真出征之际掳掠了他的营地。在蒙古语里，“主儿乞”是“无敌”的意思，作为哈不勒汗长子的一支，主儿乞氏部自认为血统高贵，又承继了父辈的精悍部众，而不把同族人放在眼里。主儿乞氏部虽然依附于铁木真，却不情愿服从他的管理。

铁木真心知肚明，在为父报仇之后，便着手扫除内患。南宋庆元三年（1197），铁木真率军突袭主儿乞氏部，撒察别乞、泰出等人毫无防范，仓皇而逃，只带着少数人马逃到了帖列秃山口，部众被铁木真吞并。

---

① 王罕本名脱斡邻勒，自被金朝封为“王”之后，开始在“汗”即“罕”号之上加“王”，而有了“王罕”之称。

征服了亲族中最有势力的长支贵族，铁木真的权势和地位得以巩固。此后，铁木真不断削弱蒙古部落中其他贵族的权势，迫使他们的地位逐渐降为普通的那可儿。

在对内巩固汗权的同时，铁木真对外仍然要面对强大的竞争对手。南宋庆元六年（1200），铁木真联合王罕会师萨里川，进攻泰赤乌部。泰赤乌部虽然得到蔑儿乞部的援助，但最终还是战败。南宋嘉泰元年（1201），一些败散的贵族及曾保持中立的部落在阿勒辉布拉阿聚会，其中包括塔塔儿、翁吉剌、合答斤、山只昆、泰赤乌、朵儿边、亦奇烈思、蔑儿乞和乃蛮部等 11 个部落。他们宰杀牛羊，设宴立盟，商议推举札木合为“古尔汗”，并决定共同讨伐铁木真和王罕。至此，一个强大的反铁木真联盟在草原上形成。

得到拥戴之后，札木合开始策划、实施针对铁木真的战争。铁木真闻讯，即刻与王罕联手迎战。经过一年多的征战，铁木真与王罕逐个击败了联盟各部。札木合兵败，最终举兵向王罕投降；铁木真在进攻泰赤乌残部时身负重伤，但是仍然指挥军队取得了胜利，消灭了泰赤乌部；塔塔儿人也同样遭到致命的惨败；蔑儿乞部被王罕讨平，并洗劫一空；翁吉剌部投靠了铁木真；除乃蛮部之外都作鸟兽散。

一番征战之后，铁木真控制了东部地区。这时，蒙古草原上形成了以铁木真为首的蒙古部、以王罕为首的克烈部和以太阳汗为首的乃蛮部三足鼎立的政治局面。

铁木真的力量已经今非昔比，而王罕年事已高，诸子平庸无能，相形之下，克烈部在蒙古草原上的强势地位受到了威胁，这让王罕忧心忡忡，不免对铁木真渐生敌意。在这种形势下，铁木真也必须面对和调整他与王罕之间的关系。

南宋嘉泰二年（1202），铁木真为长子术赤向王罕提亲，遭到王罕父子拒绝。这事令铁木真疑心重重。同一年，铁木真与王罕在萨里河（今克鲁伦河上游之西）聚会，王罕企图借机杀害铁木真，因事情败露而未遂，双方的裂痕进一步扩大。

云山有意，轩裳无计，被西风吹断功名泪。去来兮，再休提！青山尽解招人醉，得失到头皆物理。得，他命里；失，咱命里。

——〔元〕刘致《山坡羊·燕城述怀》

称雄草原

伴随着共同敌人的逐渐消失，王罕感受到了铁木真这股新生力量的冲击力，对铁木真心生芥蒂。与此同时，投奔王罕的札木合、阿勒坦、忽察尔等人，在一旁煽风点火，企图借王罕之手消灭铁木真。王罕的儿子桑昆也极力鼓动父亲讨伐铁木真，以便确保自己能承继霸主的地位。

权衡利弊之后，王罕决定对铁木真下手。

南宋嘉泰三年（1203）春，王罕父子以答应婚约为名，邀请铁木真前来赴宴，企图乘机将其杀死。铁木真亲率十骑赴宴，途遇晃豁坛部的蒙力克老人，被其劝阻，只派了两名手下前去赴宴。王罕父子发觉事已败露，决定先发制人，于次日清晨举兵。不料，王罕父子的保密工作做得不到位，发兵的消息被阿勒坦的弟弟也客扯连泄漏。也客扯连的两个牧马人听到消息后，连夜驰奔，告诉了铁木真。

铁木真明白，没有王罕的支持和保护，就没有自己的今天。

但是，今非昔比，形势逼人，是迎战还是撤退，他必须做出抉择。铁木真思前想后、踌躇再三，认定自己别无选择，只能应战。

清晨时分，双方交战于卯温都尔山附近的合兰真沙陀之地。与强盛的王罕相比，铁木真就显得非常弱小，双方一交手，仅一天的激战，铁木真就溃败退却至哈拉哈河附近。

经过这次战役，铁木真损失巨大，5000 人马仅剩下一半。但是失败与挫折并没有令铁木真畏缩。他一方面收罗溃散的部队，休整训练，以备再战；另一方面派出两名能言善辩的部将出使王罕，摆事实，讲道理，动之以情，晓之以理，指责王罕忘却义父义子的情义又言行不一，一再重申铁木真丝毫没有冒犯克烈部之意，表示愿意继续与王罕和好，要求再续父子之盟。

年迈的王罕心软了，主张讲和。但是，札木合、阿勒坦、忽察尔、答里台等人坚决反对，并且约定联合叛离王罕，推翻王罕，自己当可汗。然而事机不密，王罕事先得到了消息，出兵将叛乱分子的营地洗劫一空，札木合、阿勒坦、忽察尔、答里台等人又投奔了太阳汗。铁木真的叔父答里台率尼伦部以及克烈部的撒合亦惕氏和嫩真氏归附了铁木真。经此变故，王罕阵营不战自乱，内部分崩离析，势力渐衰。

与王罕的内部分裂相反，铁木真阵营却在艰难时刻产生了高度的凝聚力。铁木真与他的那可儿们共饮班朱尼河水，向天盟誓："今后一定与诸将士同甘共苦，共创大业。若违背誓言，有如这浑浊之水。"这一悲壮的誓言，在蒙古民族历史上被后人传为佳话。

这年秋，经过一个夏季的休养，草原上羊肥马壮。铁木真的力量也得以恢复，重新返回东部地区，在鄂嫩河与克鲁伦河之间建立营盘，准备与克烈部进行决战。不过，铁木真并没有直接发动武力进攻，而是以弟弟哈撒儿的名义，派哈撒儿的手下合里答儿出使王罕，伪称："我兄今不知所在，我的妻儿又在父汗处，令我时刻挂念。如果父汗念我旧好，我愿归附，与全家人忠诚地侍奉您！"王罕信以为真，派遣部将亦图尔坚回访哈撒儿，约定会盟。但是，在出使途中，亦图尔坚见势生疑，欲逃被杀。

铁木真派出的两个使臣回来后，禀告了王罕父子的情况：王罕毫无提防，正在金撒帐里举办宴会，可马上进行突袭。于是，铁木真决定对敌实施围歼战术。从克鲁伦河的阿尔合勒苟吉出发，以珠尔尺岱、阿尔孩为先锋，经过日夜兼程，包围了王罕在哲哲额尔温都尔山的驻营地，并突然发起攻击。王罕手下勇将合答黑巴特尔率众顽强抵抗，苦战三天三夜，精疲力竭，只得向铁木真投降。王罕与儿子桑昆狼狈西逃，王罕在乃蛮边界被哨兵豁里速别赤所杀；桑昆逃奔西夏，西夏不敢留，又经忽炭至可失哈尔，被合剌赤部首领奇里赤·合剌处死，克烈部就此灭亡。

战斗结束后，铁木真对部下进行了一番奖赏。赏赐政策是铁木真加强汗权、笼络部众、激励将士斗志的主要手段。因此，他不仅将战利品分给有功之臣，还将招降的克烈部部众赏赐给了有功将士。为了补偿在战斗中身负重伤而故去的忽亦勒答，铁木真赏给忽亦勒答的妻子 100 名勇士，作为她的世袭奴仆。把王罕的弟弟札阿绀孛的次女莎尔合黑塔尼赏给了幼子拖雷为妻。

经此一战，铁木真夺取了克烈部的领地，控制了中部蒙古，占据了战略要地鄂尔浑河河谷，成为蒙古中部和蒙古东部的主人。蒙古大草原上，唯一能与铁木真抗衡的是统治着蒙古西部的乃蛮部。乃蛮部对这个强邻日益感到不安。

乃蛮部的太阳汗知道："天上只有一个日，一个月，在地上不能有两个王！"于是，他决心击败这个"歹气息、衣服黑暗"的蒙古人。

乃蛮部地大民众，当年那些未被消灭的反铁木真联盟的残余势力，比如蔑儿乞的脱黑脱阿、克烈亦特的阿邻太师、斡亦剌的忽图合别乞、札答阑的札木合，以及朵尔边、塔塔儿、合塔斤、撒勒只兀特诸部残余，都聚集到了乃蛮部太阳汗的麾下，一时间兵势强盛。

为了确保战事胜利，在起兵之前，太阳汗派人到居于漠南阴山地区的汪古部，希望约其共同起兵夹击铁木真。汪古部与乃蛮部有姻亲关系，但是汪古部首领阿剌兀思剔吉忽里却拒绝了他，并将来使缚送铁木真。铁木真盛情接见了来使，当汪古部使臣返回时，还馈赠了牛马，相约为盟，共同讨伐乃蛮部。

随后，铁木真在帖篾延客额儿（贝尔湖和克鲁伦河河口处）围猎处召集会议，与众臣共商出兵之策。诸臣多以初春马瘦为由，不同意出师，主张秋高马肥时再战不迟。只有铁木真的弟弟斡赤斤、别勒古台认为应该"乘其不备而攻之"。权衡之后，铁木真决定与乃蛮开战。

出兵之前，铁木真将军马集合在客勒帖该合答山进行整编，并定军制，颁布军令。军队按照十、百、千人为单位统一编组，委派各级将领担任千夫长、百夫长和十夫长；组建70名散班、80名宿卫，并挑选千名勇士组成护卫军，战时为先锋队，由二弟哈撒儿统一指挥；任命6名亲信那可儿担任“扯尔必”（骑兵连长），分掌六班宿卫；令斡歌列、忽都思合勒潺二人分管护卫散班。

新的军制和护卫军的建立，使各自为战的蒙古骑兵蜕变为一支有组织、有纪律、忠诚可靠、机动灵敏的正规军队，提高了作战能力。

南宋嘉泰四年（1204）四月十六日，铁木真祭旗出师，溯克鲁伦河西上，以哲别①、忽必来②为先锋西进，行至撒阿里客额尔后与乃蛮哨兵相遇。这时，铁木真的兵马多已疲惫。据《蒙古秘史》记载，部将朵戴车尔毕对铁木真进谏说：“我们人少远来，只可先此牧马，多设疑兵，将此撒阿里客额尔地面布满，入夜每人

---

① 哲别（？—约1224），蒙古大将军，开国功臣。别速部人，原名只儿豁阿歹。初臣服蒙古泰赤乌部，后投降成吉思汗，赐名哲别（蒙古语箭之意）。哲别骁勇善战，由十户长擢升至千户长。

② 忽必来（？—1211），又作虎必来，蒙古大将，巴鲁剌思氏，以雄勇著称。早年与弟忽都思投靠铁木真，跟随参加统一蒙古各部战争。1206年蒙古国建立时，封千户长，并总管汗国军务，与者勒蔑、哲别、速不台并称“四獒”。

各烧火五处。彼人虽多，其主软弱，不曾出外，必是惊疑。如此我军兵养马饱，然后追彼哨望者，直抵大营，击其不整，必然可胜。”铁木真采纳了这一建议。

太阳汗原以为铁木真兵少马瘦，可以轻取，得到哨兵的报告却是：蒙古兵“如星般多”，“军马已塞满撒阿里客额尔”，并且每日都在增兵。太阳汗决定采取以退为守的战略，借此“诱敌深入，然后战而搞之”。可是，他的儿子古出鲁克和部将豁里速别赤却认为太阳汗是退却、软弱了，挖苦太阳汗说：“今为此迁延之计，得非心中有所惧乎？苟惧之，何不令后妃（指太阳汗的继母古尔别速）来统军也?”

太阳汗恼羞成怒，亲率5万余士兵向铁木真的部队发起进攻，与铁木真决一死战。乃蛮军自合池尔水出发，顺塔米尔河渡过斡尔浑河，至纳忽昆的东边。这时，铁木真组织好的进攻梯队也开始出战，铁木真亲督前锋迎战，将主力军（中军）交给弟弟哈撒儿指挥，斡赤斤掌管后援军马。

两军交战后，乃蛮人明显锐气不足，在铁木真麾下四员大将忽必来、者勒蔑、哲别、速不台率部冲击下，乃蛮人退到纳忽昆山崖之上。札木合等人见铁木真军马整肃、势不可挡，便不战而逃，其他首领见状也随其逃走。太阳汗的儿子古出鲁克和部将豁里速别赤也没有了平日的狂妄气焰，随着太阳汗一路败退，在夜幕降临时退到山顶。

太阳汗缺乏统帅之才，不知如何应战。而铁木真经一夜休整之后，身先士卒，指挥大军乘胜出战，扩大战果。

朵尔边、塔塔儿、合塔斤、撒勒只兀特诸部相继战败投降了铁木真。太阳汗重伤死去，豁里速别赤顽强战死，太阳汗的继母古尔别速和大臣塔塔统阿被俘。铁木真把古尔别速纳为妃妾，收服塔塔统阿在自己手下效力。蔑儿乞部豁阿思氏的族长答亦尔兀孙率部投降，将女儿忽兰献给了铁木真为妃。

札木合辗转逃入今唐努山后，追随他的五名那可儿将其押送给铁木真，被赐自尽。太阳汗的儿子古出鲁克与脱黑脱阿父子等少数人越过阿尔泰山，投奔了北乃蛮，依附古出鲁克的叔父布亦鲁黑汗。

南宋嘉泰四年（1204）冬，铁木真在阿尔泰山之阳休兵养息之后，于次年春，越过阿尔泰山，向北乃蛮发动进攻，活捉了布亦鲁黑汗，俘获了他的全部畜群和百姓。但是，古出鲁克与脱黑脱阿父子再次逃得无影无踪。至此，乃蛮部被铁木真汗全部征服。

其间，一些被征服和投降的部落时有叛乱，但最终都被镇压。铁木真将蔑儿乞、克烈部人和乃蛮人都当作奴隶分给蒙军将士，融入蒙古人中，不再成为一个独立的部族。

经过十多年的战争，在辽阔的漠北草原上，再也没有能对铁木真构成威胁的敌对势力了。

南宋开禧二年（1206）春，铁木真召集贵族及诸那颜（官员）在斡难河畔举行大会，树起了九脚白旄纛旗帜，建立了大蒙古国。

铁木真即大汗位，尊号“成吉思汗”。蒙古语“成吉思”的意思是“浩大的强盛者”，“成吉思汗”与“古儿汗”意思相同，都是“伟大至上的君主”之意。

雷起龙门山，雨洒赤城观。萧骚山木高，浩荡尘路断。鱼龙喜新波，燕雀集虚幔。开户微风兴，倚杖众云散。

——〔元〕虞集《赤城馆》

建国定制

蒙古族各部的统一和蒙古汗国的建立，结束了草原地区长期混战的局面。为了加强和巩固蒙古汗国的内部统一，成吉思汗着手建立了一整套从中央到地方的政权组织机构。

首先，成吉思汗设置了蒙古汗国的最高行政长官“札鲁忽赤”，蒙古语意即“大断事官”，相当于“丞相”的职务，负责处理民户分配和司法诉讼，掌握最高行政权力。成吉思汗委任其义弟失吉忽秃忽①为大断事官。

同时，继续完善军政管理体制，在原来的基础上，把全部蒙古人以千户为单位加以整编，打破了原来的氏族或部落组织形式。各千户的户数虽然并不完全为整数，但是战时都可以提供千名战士。千户组织不仅是蒙古军队的一级编制，也是蒙古国的地方行

① 失吉忽秃忽，是铁木真母亲诃额伦的养子，自小与铁木真一起长大，亲如同胞。

政单位。千户上设万户，下置百户。

各万户和千户分别纳入大汗或诸王的分封国。其中，直接归属成吉思汗统率的有 95 个千户，归属 3 个万户，即左翼万户、右翼万户和中军万户。左翼万户以木华黎[1]为万户长，兵马共 6.2 万人，36 个千户；右翼万户以博尔术为万户长。从百户长至万户长，职务都可世袭。中军万户以纳牙阿为万户长，中军也称护卫军。

为了确保拥有至高无上的汗权，成吉思汗还建立了一支更强大的、由大汗直接控制的常备武装，将护卫军扩充至上万人，包括精选出来的 1000 名宿卫、8000 名散班和 1000 名箭士。护卫军负责保护大汗的金帐和分管汗廷的各种事务，也是大汗亲自统领的作战部队。成吉思汗的第四子拖雷负责护卫军的组织、指挥及兵马的装备，另外委任忽必来为最高军事长官，称作“军事那颜”。

蒙古建国后，在贝加尔湖东、西至叶尼塞河上游一带，还分布着许多森林部落，蒙古人称之为“林木中百姓”。成吉思汗二年(1207)，成吉思汗命长子术赤领兵征伐“林木中百姓”，征服了乞儿吉思部，斡亦剌部首领忽都合别乞投降。至此，成吉思汗的大

---

① 木华黎，札剌儿氏部人，世代为蒙古孛儿只斤贵族的臣仆。铁木真被推举为蒙古部首领时，木华黎被父亲献给铁木真为奴仆。他身高七尺，以沉毅多智、雄勇善战著称，与忠心勇猛的博尔术、博尔忽、赤老温并称掇里班·曲律，意为“四杰”。

蒙古国疆域东起今兴安岭，西至阿尔泰山，南抵阴山，北达贝加尔湖。

随后，成吉思汗将巴阿邻、赤那思、脱斡勒思、帖良古特等部与“林木中百姓”组成万户，委派豁尔赤为万户长，统一管理，再委派他的开国功臣们为千户那颜，又称千户长官。千户那颜既是军事统帅，又是地方行政长官。千户那颜在辖地范围内享有世袭权，负责本部的赋税征收、徭役差派等事务，但是封地内民众的分配权仍留在大汗手中。另外，只有地位高的千户那颜可以参与选举大汗、商议国策和襄理国政。

除上述大汗直属的千户之外，成吉思汗把其余的千户分给了子侄、诸弟及其母亲。其中，长子术赤分得 9 千户，次子察合台分得 8 千户，三子窝阔台和四子拖雷各得 5 千户；母亲和四弟斡赤斤共 1 个万户，二弟哈撒儿分得 4 千户，三弟合赤温早死，所以他的儿子额勒领 3 千户，异母弟别勒古台分得 1.5 千户。

随着人口的分配，土地分封的疆界也大体确定了下来。土地封赏本来就是成吉思汗对部族早已许下的诺言，同时土地分封制也是维护蒙古最高统治集团的政治等级制度和稳定社会秩序的手段。因此，蒙古汗国建立后就规定：土地归国家所有，土地的最高支配权属于大汗。

成吉思汗及后妃直接控制着怯绿连河、斡难河上游和土拉河、鄂尔浑河流域的蒙古国中心地区。因为蒙古人在帐幕里居住，所以建立了“斡耳朵”制。蒙古语“斡耳朵”是宫帐的意思。据说成吉思汗有妻妾近 500 人。成吉思汗设置了第一、第二、第三、第四斡耳朵，将皇后和妃子们分别安排在这 4 个斡耳朵中。比如，第一斡耳朵由大皇后孛儿帖管领，下面附带许多妾妃；第二斡耳朵由二皇后忽兰（蔑儿乞部长女）管领，下面附带一些妾妃；第三斡耳朵由三皇后也速干（塔塔儿部女子，也遂及之妹）管领，下面附带一些妾妃；等等。大汗的私人财富，也分属 4 个斡耳朵；大汗死后，其财富由 4 个斡耳朵分别继承。这一制度为以后历代蒙古大汗们所继承。

随后，成吉思汗还以家族中血缘亲疏为标准，同时参考其功劳的大小对土地进行了分配。分封给亲族的这些领地和百姓又被称为“忽必”，也就是蒙古语“份额”的意思。拥有“忽必”的亲族在各自领地又称作“兀鲁思”，意即“国中国”。

得到“忽必”的亲族大致分为两部分：第一部分是成吉思汗的儿子们，他们的封地在成吉思汗的大“兀鲁思”的西部。

在蒙古汗国，成吉思汗的家族被称为“黄金家族”，他的儿子术赤、察合台、窝阔台、拖雷被誉为“汗国宫廷的四根栋梁”。成吉思汗还任命长子术赤掌管狩猎。对于这个奴隶制国家来说，围猎依然是维持经济收入的一部分。次子察合台掌管法律，负责审判和对犯法者进行惩处。三子窝阔台治理朝政。除了拥有至高的权力地位之外，王子们同样拥有各自的“兀鲁思”。

术赤的封地在最西面，从阿尔泰山至额尔齐斯河地区，占有海押立、花剌子模[1]等地区；次子察合台的封地在术赤的东南，从阿尔泰山至质浑河，占有畏吾儿国西北至撒麻耳干和不花剌等地，原属西辽[2]的地区；三子窝阔台的封地则介于诸兄弟之间，即阿尔泰山西南叶密立（今新疆维吾尔自治区额诺）、霍博一带，原属乃蛮地区；拖雷的封地在阿尔泰山东、叶尼塞河上游和乞儿吉思一带，位于成吉思汗的“兀鲁思”西北部。因为诸子的封地都在蒙古大帐以西，所以又被称为“西道诸王”。

第二部分得到“忽必”的亲族是成吉思汗的弟兄们，他们的封地在成吉思汗的大“兀鲁思”东部，所以这些领主又被称为“东道诸王”。

其中，哈撒儿的封地在额尔古涅河、呼伦湖和海拉尔河地区；合赤温的儿子按赤台的封地在古贝尔湖南、大兴安岭南端西麓一带，南至胡卢忽儿河与弘吉剌部为邻；母亲和四弟斡赤斤的封地在蒙古的东北角，与哈撒儿的封地相邻；别勒古台在斡难河、克鲁伦河中游一带，西边靠近成吉思汗的“兀鲁思”，南与按赤台为邻。

为了加强对诸子弟们的管控，成吉思汗还委任千户那颜在诸

---

① 花剌子模是中亚的一个大国，位于今里海东、咸海西、锡尔河南。1219年秋，成吉思汗攻占该地区，将此地封给他的儿子。

② 西辽是辽宗室耶律大石于1124年率领契丹余部西迁后建立的，位于今新疆伊犁河流域和塔里木河流域一带，1218年成吉思汗攻灭西辽。

子、诸弟封地内任职。但是封地内受封的诸王们拥有极大的自由权，各自所得的“忽必”，有向子孙后代进行再分配的权力，王位也可以世袭。

此后，随着蒙古帝国的对外战争的不断扩大，受封的人数也在增加。分封制度自然成为蒙古帝国及后来元朝的特色制度。

在完善各项制度的同时，成吉思汗也加强了宗教管理，建立了专门管理宗教事务的教长，称为“别契”。将萨满教定为国教，委任巴阿邻长支的后裔兀孙老人为掌管宗教的“别契”。别契那颜管天文、挑选吉祥年月等事务，享有很高的地位，宴享时享受宗王待遇，封号和特权可以世袭。

就在萨满教立为国教期间，萨满教巫师、晃豁坛部的阔阔出发动了政变。成吉思汗即位前，阔阔出非常推崇他，积极拥戴成吉思汗称汗。但是，阔阔出颇有野心。作为萨满教巫帅，他自称能够与上天沟通，向世间转达上天的意志，因此，他希望借助这所谓超自然的能力挟制大汗并统治蒙古帝国。阔阔出的父亲蒙力克是成吉思汗的义父，在蒙古人中有崇高的地位。于是，他借助父亲的地位以及自己的宗教威望拉拢信徒，让信仰和惧怕他的部众向他靠拢。随着权力和地位日渐提高，阔阔出不再满足于萨满教受控于政权之下的地位，决定联合 6 个弟弟发动政变，推翻成吉思汗的统治。

阔阔出首先挑拨成吉思汗与其弟哈撒儿的关系。成吉思汗受到阔阔出的蛊惑，剥夺了属于哈撒儿的一部分百姓，使其百姓从

4 千户减少为 1 千户。同时，阔阔出的属民人数也在不断增加，甚至连成吉思汗的属下都投靠了阔阔出。成吉思汗对阔阔出的野心早有察觉，却顾忌阔阔出的影响力而让步。但是，成吉思汗的退让令阔阔出越发无所顾忌。某日，成吉思汗的幼弟斡赤斤因属民投靠阔阔出，派部将莎豁儿前去索要反被殴打，待斡赤斤亲自去索要时，阔阔出兄弟七人更是群起而攻之。阔阔出如此跋扈嚣张，让成吉思汗即刻决定将其铲除。事先，成吉思汗令斡赤斤在自己的斡耳朵中做好埋伏，随后下令召见阔阔出兄弟七人与其父蒙力克。这一家人在没有丝毫防备，且大摇大摆直入成吉思汗的斡耳朵时，阔阔出被斡赤斤和几位力士制伏，他的六个弟弟试图反击，被成吉思汗手下弓箭侍卫包围。由于建国之初，人心需要稳定，成吉思汗表现出一个征服者的宽容大度，只将阔阔出处死，蒙力克与其六子均得到宽恕。蒙力克的儿子们老实了，成吉思汗的地位更加稳固了。

为了巩固政权、维护统治阶级的利益，建国后，成吉思汗让俘获来的畏吾儿人塔塔统阿用畏吾儿文（回鹘文）拼写蒙古语，创造了蒙古文字，结束了蒙古人没有文字，“凡发命令，遣使往来”“刻木记事”的历史。接着，成吉思汗根据传统的风俗习惯，制定了成文的法律，即《大札撒》，将发布的号令、诏敕、训言写成册文。

在札撒中，规定了各类人员的权利和义务，以及违反规定时的处置方法。成吉思汗以这种成文法令方式将个体牧民和奴隶对奴隶主贵族的义务和人身隶属关系固定下来，结束了以往任意屠杀和掳掠的局面。此外，札撒中还对私有财产的保护及对偷盗者的惩罚做了规定；对草场和牲畜的保护也做出了种种规定。

同时，在札撒中还对蒙古部落的传统习俗做了具体的要求。比如：平日不许洗涤衣物，因为他们认为洗后晾晒，天将发怒，会招来雷击；什么东西都可以吃，不能说食品是不清洁的；吃饭时如果被噎着了，要被拉出去受惩处；严禁在水中小便，或在灰烬上撒尿；不准跨火、跨桌、跨碗、跨碟等；父亲死后，除生母外，庶母的命运由儿子决定，可将其收为妾或给他人为妻做妾等。

至此，蒙古帝国的统治体制、制度及法令逐渐完善起来。但是，成吉思汗并没有满足于眼前的一切，他把目光投向了远方，他要用武力去征服周边的世界。

成吉思汗不曾读过兵书，身边也没有军师指导，但是凭借蒙古族的围猎传统，以及在战争中获得的成功经验形成了一套独特的“大迂回”战略。其战略特点是：不直接对列敌阵，却以最快的速度，在盯住敌人后方的前提下，左右包抄，将敌人包围，不给对手留下任何可逃生的出路，直至将对手击垮。

这是成吉思汗日后百战百胜的奥秘。因此，在他建立蒙古帝国之后，世界局势开始变得紧张起来。

天丁震怒，掀翻银海，散乱珠箔。
六出奇花飞滚滚，平填了，山中丘壑。
皓虎颠狂，素麟猖獗，掣断真珠索。
玉龙酣战，鳞甲满天飘落。
谁念万里关山，征夫僵立，缟带占旗脚。
色映戈矛，光摇剑戟，杀气横戎幕。
貔虎豪雄，偏裨真勇，非与谈兵略。
须拼一醉，看取碧空寥廓。

——〔金〕完颜亮《念奴娇》

牧马长城

蒙古汗国稳定之后，草原周边的异己势力都被成吉思汗设立为征服的目标。此前，在逃的太阳汗之子屈出律、脱黑脱阿及其三个儿子，以及蔑儿乞部和乃蛮部的少数残部，仍然有死灰复燃的可能。为此，成吉思汗不断出兵周边，蒙古骑兵的铁蹄开始踏向更加广袤的地域。

成吉思汗二年（1207），成吉思汗派长子术赤，带领右翼军征服了“林中百姓”。

成吉思汗三年（1208）冬，成吉思汗派大将速不台，率领蒙古铁骑，越过冰雪封冻的阿来岭，向石河进军，奇袭活动于石河支流不黑都儿麻河的脱黑脱阿、屈出律等人的营地。脱黑脱阿在乱箭中当场毙命，他的儿子们和屈出律再次出逃。脱黑脱阿的儿子们逃到了畏吾儿部境内（今新疆东部）。畏吾儿的亦都护（相当于国王）巴而术阿而特的斤赶走了逃来的蔑儿乞和乃蛮人，屈出律又逃到了西辽境内。

畏吾儿部[①]之前一直是西辽的藩属国，领土东至伊州（今哈密），西至龟兹（今新疆库车），北至准噶尔盆地，与乃蛮部为邻，南至鄯阐（今罗布泊附近），与吐蕃部为邻。乃蛮部灭亡后，巴而术阿而特的斤面对的是一个更加强大的蒙古汗国，迫于形势，决定投靠成吉思汗。

成吉思汗四年（1209），畏吾儿人杀死西辽少监，归服蒙古汗国。成吉思汗六年（1211），成吉思汗收巴而术阿而特的斤为第五子，与术赤结为兄弟，并将女儿立安敦嫁给他。

同年，成吉思汗率兵征讨居住在伊犁河河谷一带的另一个西辽属国哈剌鲁部，将蒙古国的边界向西推进了一大步。

对于当年曾帮助过自己的汪古部，成吉思汗继续与其保持着友好的联姻关系。汪古部居于长城之北，也就是今山西省的归化城和绥远一带，蒙古汗国与汪古人保持着友好关系。

此时的蒙古汗国东南与金国相接，西部与西辽相依，而金与

---

① 畏吾儿部是唐代回鹘人的后裔，也就是今维吾尔族的祖先。

西辽之间又隔着西夏。位于甘肃地区的西夏，是金朝的附属国，东南与金国为邻，北与蒙古汗国接界。1205 年，成吉思汗曾以西夏接纳王罕之子桑昆为由而出兵攻打西夏，当时的西夏国王是李纯祐（桓宗）。成吉思汗攻占并摧毁了西夏的边境堡寨力吉里寨，进至落思城，大肆掳掠人口和牲畜，迫使李纯祐向其称臣纳贡。

成吉思汗元年（1206），李纯祐的堂兄李安全篡位夺取西夏王位，并且断绝了与蒙古的贡赐关系。成吉思汗二年（1207）秋，成吉思汗以西夏“不纳贡”为由，第二次出兵西夏，攻破西夏重镇兀剌孩城（今内蒙古乌拉特中后旗西境）。由于西夏兵势尚强，蒙古军不敢贸然深入，于次年春退回草原。

成吉思汗四年（1209），成吉思汗无论是兵力还是物力都得到了充足的养蓄，扩张的目标瞄准了金朝。在建立蒙古汗国之前，成吉思汗曾经接受金朝的封职，但是，此时的成吉思汗力量已经强大，再也不想向金朝屈膝下跪，年年进贡称臣了。但是，若要出兵攻打金朝，蒙古汗国还必须先消除西夏这个侧翼的威胁，以防金朝联合西夏夹击。因此，征讨西夏具有战略意义，既可以保障后方安全，又可以作为讨伐金国之前的一次大规模军事演习。

成吉思汗四年（1209）三月，成吉思汗亲率大军，三征西夏。蒙古军出兵黑水城，自兀剌孩城关口进入西夏。西夏投入 5 万兵力抵御，却遭遇惨败，副元帅高逸被俘，不屈而死。蒙古军一举攻占兀剌孩城；七月，蒙古军乘胜包围西夏都城中兴府（今宁夏银川），西夏国王李安全急忙向金国求援。金国当时内外交困、危机四伏，已经无心理会属国的危难，拒绝了西夏的请求。无奈，李安全只得向成吉思汗进献爱女察合请和，称臣纳贡。随后，为了报复金国，西夏积极配合蒙古汗国，出兵助蒙击金。

在解除伐金后顾之忧的同时，成吉思汗还通过长城外的汪古部人和畏吾儿商人摸清了金国的经济、交通和城堡、关卡等情况。

成吉思汗四年（1209），金章宗病逝，卫绍王完颜永济即位。第二年，金朝派使臣来到蒙古传诏，宣布新君即位，要求成吉思汗按属国的礼节跪拜接诏。成吉思汗问：新君是谁？金使回答：是卫绍王完颜永济。成吉思汗从前见过完颜永济，知道这是个无能的贵族后代，就轻蔑地说："我以为中原皇帝都是天上人，像卫绍王这样庸懦的人居然也做了皇帝，我怎么能给他下拜？"说完，丢下目瞪口呆的钦差大臣，挥鞭策马而去。金蒙两国关系就此破裂。

成吉思汗六年（1211）二月，蒙古军队在克鲁伦河祭旗誓师，祷告于天，请求神助。为了表示此次师出有名，成吉思汗借为早年被金国钉死在木驴上的蒙古首领俺巴孩[1]报仇的名义，兴兵大举南侵入金。成吉思汗命脱忽察儿率领两千骑兵留守后方，自己

---

① 俺巴孩是泰赤乌部首领想昆必勒格的儿子，哈不勒死后，被推举为蒙古部首领。后来，俺巴孩被塔塔儿部出卖，并送给金熙宗。金朝与蒙古部落在哈不勒时期就产生了仇恨，哈不勒死后，两者之间的仇恨持续不减。因此，俺巴孩被送到金朝后，被钉死在木驴上。

亲率十几万兵力向金国进发。

当时，双方的力量对比依然悬殊。金国经过上百年的经营，兵力已达上百万人，全国人口在金世宗完颜雍时就已增加到4075万人，而蒙古的总人口不过100多万，兵力也只有10万左右。金国的人口是蒙古的40倍多，成吉思汗却胆敢与之争锋，目的仍然是掠夺人口和物资。

蒙古军行至阴山汪古部驻地后，成吉思汗决定暂时休兵避暑。七月，主力部队沿金国西北路边墙突入，哲别率领的先头部队继续进犯抚州（今河北张北），在行至乌沙堡（今河北张北县西北）时，得知金兵已至，于是，率领先头部队疾进，突入金营，打得金军措手不及，立时溃散。蒙古军先后占领了乌沙堡、乌月营（今山西大同东北、内蒙古自治区兴和县附近），金朝西北路统军主帅完颜承裕畏战，从抚州退到宣平（今张家口西南），导致昌州（今内蒙古太仆寺旗九连城）、桓州（今内蒙古正蓝旗西北）、抚州尽失。

八月，蒙古兵向野狐岭（今河北万全膳房堡北）进军。野狐岭地势高峻，是西北要隘，相传雁飞过此，遇风辄堕。这里，金军有30万重兵扼守，完颜承裕统率10万大军负责后援。尽管如此，成吉思汗并不畏惧，他采纳名将木华黎的建议，选派敢死队冲向金军的中路，随后诸军并进，集中10万兵力攻击一个主要目标。蒙军兵力虽然比金兵少，所处的地势也不利，但是主帅临危不乱、镇定指挥，将士们视死如归、敢拼敢杀，中午时分，金军大败，溃退浍河堡（今河北怀安东）。负责后援的完颜承裕早已被蒙古军的攻势吓得魂飞胆破，根本不敢再与之接触。蒙古军乘胜追至浍河堡，完颜承裕撇下溃败的金军，脱身逃回宣德。

野狐岭之战，金军主帅弃兵逃命，蒙古军队乘势节节进逼。前锋官哲别率领先头部队进抵居庸关下。成吉思汗命术赤、察合台、窝阔台三子各率一军，由西南路攻入金境，分道进攻云内（今土默特左旗西北）、东胜（今托克托县）武州（今山西神池县）、朔州、丰州（今呼和浩特市东）诸州，蒙军铁骑一路狂飙，所向披靡。

十月，蒙古兵杀过紫荆关、居庸关，前锋哲别军直逼中都（今北京市）。成吉思汗亦随之入关，驻跸龙虎台。

十二月，蒙古军攻打中都，金朝守将完颜天骥在城内设下埋伏，诱蒙古骑兵进城，致使蒙古兵陷入包围，死伤惨重，被迫撤退。随后，金军又趁势夜袭蒙古营寨。在遭遇一连串的打击之后，成吉思汗七年（1212）春，成吉思汗被迫下令撤兵。

经过短暂的休整，成吉思汗再次大举南侵，目标直指金国西京府（今山西大同市）。蒙古军一路攻取宣德（今河北宣化）、德兴（今河北涿鹿）等地，金朝威宁（今内蒙古兴和北）守将刘伯林投降。随后，蒙古军歼灭金朝援兵元帅奥屯襄的部队，进围西京。同时，先锋哲别又实施了退兵回袭之计，突击金朝的老巢东京（今辽宁辽阳），切断了金朝的后援。西京留守纥石烈执中（又称胡沙虎）见蒙古军来袭，弃城逃走，由左副元帅抹捻尽忠代为留守。抹捻尽忠率领金军顽强抵抗，成吉思汗亲率蒙军主力久攻不下。成吉思汗在战争中为流矢所中，不得不撤兵返回阴山。

正当蒙古军攻打金国之时，契丹人耶律留哥也举兵反叛金国，数月之内所部竟达10万人之多。金国派出60万大军讨伐，耶律留哥得到成吉思汗的援助，大败金军于迪吉脑儿。1213年春，耶律留哥称“辽王”，年号“元统”。

成吉思汗八年（1213）秋，成吉思汗再度从阴山南下攻打金国，攻克怀来。怀来一战，金兵精锐全部溃散，损失极其严重。随后，蒙古军兵分三路，成吉思汗亲率大军掳掠中都以南地区，相继攻克涿州、易州、霸州、沧州、景州、深州、冀州等十二州，所经之处烧、杀、抢、掠；术赤、察合台等率领蒙古军沿太行山麓南下，破保州、遂州、安州、定州、邢州等十三州；哈撒儿率领蒙古军攻破了蓟、平、滦、辽等郡。最终，三路蒙古军在中都附近的大口会合，对中都形成包围之势。

大敌当前，金国的统治却纷乱至极。西京留守纥石烈执中逃至蔚州后，擅取官库金银、衣物，逃入紫荆关，又擅杀涞水县令。对此，金朝皇帝完颜永济不但不处置，还起用他为权右副元帅，领兵驻守中都城北，依为屏藩。谁料，纥石烈执中由此更加肆无忌惮、胡作非为，即使蒙古军兵临城下，依然终日驰猎，不加防范。

完颜永济大为震怒，派人到军中责备，诏令纥石烈执中整兵迎击。纥石烈执中不但不听，索性篡权乱政，杀了金朝皇帝完颜永济，迎立宣宗完颜珣即位。

金国被纥石烈执中搅得天翻地覆，已经无力与蒙古交战，金宣宗完颜珣即位后便向蒙古求和。成吉思汗此次征伐并没有消灭金国的打算，因此接受了金朝的议和要求。

南宋嘉定七年（1214）三月，金朝向蒙古进献童男童女各500人、绣衣3000件、御马3000匹以及大批金银珠宝，还应允将完颜永济的女儿岐国公主献给成吉思汗。

蒙古军携带着掠夺来的人口和财富得胜而归，撤出居庸关。金朝廷则额手称庆，暗自为破财消灾而长舒一口气。却不知，蒙古人的征服欲才刚刚被吊起。

干荷叶，色苍苍，老柄风摇荡。

减了清香，越添黄。都因昨夜一场霜，寂寞在秋江上。

干荷叶，色无多，不奈风霜锉。

贴秋波，倒枝柯。宫娃齐唱《采莲歌》，梦里繁华过。

——〔元〕刘秉忠《南吕·干荷叶》

蒙金混战

为了确保对金战争万无一失，成吉思汗撤军回草原后，派主卜罕出使南宋，希望联宋灭金。不料，主卜罕中途被金国拘捕，扣留在中都。成吉思汗的意图传入金国，令金王朝统治者不寒而栗。此时，金朝早已没有了开国时期的勇猛之势，也没有了殊死拼杀的胆魄。

成吉思汗九年（1214）五月，金国皇帝决定放弃中都（今北京），退往以黄河为屏障的汴京（今河南开封）。金宣宗仓皇南撤汴京，令皇家威风荡然无存，虽然留下太子据守中都，任命大臣完颜福兴为留守，辅佐太子，却无法掩盖金王朝气数已尽的颓势。

六月，成吉思汗派遣伊里值为使臣，南下金国，厉声指责金宣宗：“既和而迁，是有疑心而不释憾也!”随即再次兴兵讨伐金国。

这一次，成吉思汗兵分两路：一路南下，由三木合拔都（又称巴特尔）与金国降将契丹人石抹明安统兵；一路伐辽西，由木华黎为统帅，契丹人石抹也先为副将，出临潢（今内蒙古巴林左旗）夹击金国。

山雨欲来风满楼。此时的金国人心惶惶，一盘散沙。护送金宣宗撤往开封的护卫军途中叛变，返回中都投向蒙古人，并倒戈协同蒙古军攻打中都。战局很快就形成了一边倒的态势。

从七月开始，石抹明安率军相继攻占了景州（今河北遵化）、蓟州、檀州（今北京密云）、顺州（今北京顺义区）等地，中都外围诸州都落入蒙古军之手。至成吉思汗十年（1215）正月，据守通州（今北京通州区）的金右副元帅蒲察七斤献城投降，中都完全陷于孤立境地。

同时，木华黎的大军却少遇金兵的抵抗，一路兵至高州（今喀喇沁右旗），金将卢琮和金朴投降，再至成州（今辽宁义县北）时，金国的锦州兵马提控张鲸刺杀节度使，自称“辽海王”，并向蒙古投降。二月，木华黎率军一路攻略惠和（今辽宁宁城北敖汉旗境内博罗科旧城）、金源（今地不详）、和众（今辽宁凌源西）、龙山（今辽宁朝阳东北凤凰山）等15座城，直到攻下金朝的辽西重镇中京，即大定府（今内蒙古宁城县大明城）。木华黎命令金朝降将寅答虎留守北京。同月，兴中府（今辽宁朝阳市）的主和派弑杀同知兀里卜，推举豪绅石天应为帅，向蒙古军投降，木华黎命石天应为兴中府尹。

中都告急的战报传至开封后，金宣宗派遣元帅右监军永锡、元帅左监军庆寿率军 3.9 万人，每人携带 3 升米，增援中都。并令御史中丞李英，率数万“义军”监护粮运。这支匆忙赶来的援兵刚到霸州城南，便被蒙军击败溃散。留守中都的金将完颜福兴见大势已去，服毒自杀，中都失守。

五月，石抹明安领兵攻入中都城。成吉思汗命失吉忽图忽、翁古儿宝儿赤、阿儿孩哈撒儿三人前往中都清点仓库。同时，遣人至开封，命令金宣宗放弃帝号，献出河北和山东等地准其留称“河南王”。面对蒙古人的骄横，金国朝廷备感屈辱，拒绝了这一条件。

危在旦夕之际，金朝都督蒲鲜万奴在开元自立为王，国号“大真”，称“天王”，改元“天泰”，并于成吉思汗十一年（1216）归降蒙古；不久又背叛蒙古，自称“东夏国”，割据辽东。

成吉思汗占领中都之后，已经不再满足于仅仅俘虏人口、抢掠财物，而是把目标转向大举攻城略地，进占中原。

成吉思汗十一年（1216）春，成吉思汗回到克鲁伦河行宫。八月，木华黎因功被封为“太师国王”，赐金印，出任蒙古军左翼统帅，又赐象征大汗的白色大纛旗一面，全面主持攻金战事。而成吉思汗则统率蒙古军主力将战争的矛头转向了西方。此后，蒙金战争进入第二阶段。

木华黎麾下的将帅有石抹也先、耶律向秃花，以及金朝降将汉人刘伯林、史天倪等。主力部队包括汪古骑兵 1 万人、兀鲁兀惕部 4000 人、混合兵卒 1000 人、孛图驸马率领的伊奇烈思兵 2000 人、蒙和哈勒札率领的忙忽惕兵 1000 人、木华黎的兄弟岱孙率领的札剌亦尔兵 1000 人，全军总计约 2 万人。其他兵卒，以招降的金兵和汉军为主，其中汉军则是早年归降金朝的刘伯林等地主武装。

木华黎改变了蒙古军以往“只务杀掠、得地不守”的传统做法，在燕京、云中分别设置行省进行管理。随后，整军向河北、山东各地发动进攻。

木华黎深知，以两万兵力很难与数十万金军正面抗衡。不过，在蒙军的严酷打击之下，此时的金朝对河北、山东等路州县已经无力掌控，各地只有豪强地主自组的民团在图自保。木华黎因势利导，加强对地主武装的招抚工作，沿用金朝官制，授予他们元帅、行省等官衔，许其世袭，利用他们去略地攻城。因此，在随后的金蒙之战中，时人常见的是各为其主的汉族地主武装之间的对抗。

成吉思汗十二年（1217）十月，蒙古军攻入山东地区，连破邹平、长山、淄川等城。十一月，蒙军连续攻下滨州、棣州（今山东惠民）、博州（今山东聊城）等三州。山东十余州县相继落入蒙古军手中。

成吉思汗十三年（1218）九月，木华黎统领蒙古军攻破太原，留下攸兴哥镇守太原。随后，蒙古军攻克汾州（今山西汾阳）、绛州（今山西新绛）、潞州（今山西长治），直抵平阳（今山西临汾）。攻占绛州时，还实行了屠城。太原、平阳等战略要地的相继失守，金朝丢掉了河南的屏障。

第二年秋，木华黎又攻克岢岚（今属山西忻州市）、石州（今山西离石）、隰州（今山西隰县）等州。

在此期间，金降将张柔原、苗道润受命率兵攻金，连克雄州（今河北雄县）、易州（今河北易县）、保州（今河北保定）、安州（今河北保定东）以及孔山（今河北易县西甫）等州，进而屯兵河北满城。随后，一鼓作气乘胜拿下定州（今河北定州），招降曲阳（今河北保定市曲阳县）等城守军。真定（今河北正定）以东30余州县，望风归降蒙古。

在蒙古军的强势攻击下，越来越多的汉族地方武装归降木华黎。其中，山东长清人严实的归降，令木华黎实力大增。成吉思汗十五年（1220），木华黎再度进军山东，在黄陵冈击溃金军20万。

成吉思汗十六年（1221）四月，金朝廷派使臣出使西域，向西征路上的成吉思汗求和，未能达成协议。此时，木华黎的军队已经攻下黄河以北的绝大部分地方。十一月，木华黎兵锋指向陕西，攻陷延安。

成吉思汗十七年（1222）八月，木华黎再次攻占被金军收复的太原，并留兵驻守。十月，蒙军又出兵攻占了河中府（今山西永济）。然而，第二年春，金朝的河中府判官侯小叔会集10万金兵发起反攻，杀死石天应，蒙古军溃散，金兵收复河中府。

成吉思汗十八年（1223）春，木华黎率军渡过黄河再入秦陇，进攻同州（今陕西大荔县）、蒲城（今陕西蒲城县）。随后，进攻凤翔府（今陕西凤翔），准备先打下凤翔，再取京兆（今陕西西安）。不料，蒙军在凤翔遇到金将的顽强抵抗，金朝左监军赤盏合喜坚守府城，完颜仲元出城力战，给蒙古军以沉重的打击。木华黎的攻势受挫，只好撤兵。

同年三月，54岁的木华黎病死在闻喜县。木华黎死后，其儿子孛鲁继承封号，嗣为“太师国王”，继续伐金。是年十二月，金宣宗病逝，金哀宗完颜守绪即位。尔后，金朝加紧反攻，相继收复一些失地。成吉思汗十九年（1224），孛鲁带领蒙古军攻克银州（今陕西米脂西北），并派将领驻守要害之地。这时，河北东、西两路的局势发生了变化。蒙古攻略中原时，河北威州的道士武仙率乡民聚保威州，归者日众，势力剧增。待蒙古军强势攻克真定后，武仙降蒙，成为真定都元帅史天倪的副将。不久，与史天倪结下怨恨，于成吉思汗二十年（1225）二月诱杀史天倪，献真定城归降金朝。受此事影响，被蒙古军征服的河北州县蜂起叛蒙归金。

史天倪被杀后，其弟史天泽承袭了元帅之职。孛鲁急派蒙古将领肖乃台率军联合史天泽反攻真定。

一个月之后，孛鲁重新控制了河北地区，旋即转战山东。至成吉思汗二十一年（1226），蒙古军完全占领了山东全境。经过木华黎父子十年的经略，金朝在河北、山西、山东的土地尽归蒙古所有。

南宋宝庆三年（1227）七月，成吉思汗在征伐西夏的战争中死去。此后的两年中，金朝加强了陕西的防御部署，蒙古军却少有建树。窝阔台汗元年（1229）八月，蒙古贵族在克鲁伦河举行忽里勒台大会，成吉思汗的第三子窝阔台继承汗位。窝阔台即位后，大举攻金，蒙金战争进入最终对决阶段。

雪涛卷入白螺杯，

云梦吞将滟滪堆。

陈马直从天汉落，

飓风先自海门来。

——〔元〕张雨《次韵段推官观潮》

勇追穷寇

成吉思汗十一年（1216）春，成吉思汗回到克鲁伦河行宫，对众将论功行赏，委任木华黎全权负责攻打金国事宜，自己则率主力军全力备战西征。

成吉思汗亲自西征的原因有二：一是西夏国不情愿被蒙古国长年累月地征调兵力；二是得到情报，脱里脱黑的三个儿子火都、赤剌温和忽勒秃罕三兄弟纠集蔑儿乞部的残余势力，正盘踞在垂河（今楚河）一带，招领游民发展势力，企图东山再起。为此，成吉思汗休整部队，准备西征，解决宿敌在西部边境造成的隐患。

成吉思汗十一年（1216）秋，速不台率领 5 万大军千里迢迢追杀到垂河北岸巴尔喀什湖西部草原。在这里，火都兄弟与蔑儿乞部的残余势力已经休养生息十几年，人马扩充到了 3 万余人。

一个冬季的清晨，蒙古骑兵突然从四面杀来，寂静的草原瞬间被血腥杀戮所充斥。火都兄弟被打得措手不及，火都、赤剌温及部众全都战死，忽勒秃罕被俘。至此，蔑儿乞部的残余势力被彻底清除。

此时，成吉思汗得到消息：屈出律逃到西辽后又做了国王。因此，速不台归来后，蒙古主力军又准备去追杀屈出律，向西辽国开战。

在南下攻金及备战西辽的过程中，蒙古不断地向西夏国征兵、收贡。而西夏之所以投降蒙古，是希望借蒙古的势力肆意抢劫金国的财货。不料，金兵虽然抵挡不住蒙古军入侵，对付西夏军却是游刃有余。既然无利可图，还要为蒙古卖命，导致西夏经济困弊，朝野岁无宁日，对蒙古的不满情绪与日俱增。蒙夏的关系日趋疏远。

成吉思汗十二年（1217），成吉思汗又向西夏征兵，遭到西夏的拒绝，于是蒙古军第四次出兵攻打西夏。十二月，蒙古军长驱直入，围困兴中府。西夏神宗皇帝李遵顼慌忙出逃灵州，并遣使请降。成吉思汗的注意力在西辽上，教训一下西夏就撤围回师。

成吉思汗十三年（1218），成吉思汗派哲别率两万骑兵先行讨伐西辽，其余部队随时准备增援。

西辽是辽朝贵族耶律大石所建。北宋宣和六年（1124）七月，金朝灭辽时，耶律大石带着自己的200余部众向北逃亡到今新疆西部和中亚一带，经过八年的艰难创业，正式建立“西辽国”。

西辽疆域最盛时，东至今蒙古土拉河上游，包括可敦城周围地区；东北至今叶尼塞河上游，与游牧部族吉利吉思为邻；西北至今咸海以北；西至今土库曼斯坦的卡拉库姆沙漠，包括花剌子模附属国在内；南至喀喇昆仑山、阿尔金山；东南隔沙漠与西夏接壤。疆域之广不亚于辽朝鼎盛时期。

但是，屈出律逃入西辽时，西辽的统治已经日薄西山，国库空虚，境内诸部纷纷叛离。当时的西辽国王名叫直鲁古。直鲁古老朽昏庸，对这位蒙古逃难王子毫无戒心，还把女儿嫁给他，招他为驸马，却不知自己已引狼入室。

屈出律在西辽立足之后，逐渐组成了一支强大的军队，并与花剌子模暗中勾结，密谋共灭西辽，瓜分其国土。在得到花剌子模的支持后，屈出律举兵叛乱，逮捕了国王直鲁古，夺取了西辽的统治权。

但是，屈出律统治下的西辽，阶级矛盾、民族矛盾、宗教矛盾都十分尖锐。成吉思汗十三年（1218）秋，哲别率领两万精骑进入已经归附蒙古的哈剌鲁部境内，速不台、忽必来、术赤台三将率兵进驻畏吾儿部境内，相机增援。

屈出律得知哲别大军来攻，吓得仓皇出逃，哲别一路追击到今天新疆喀什附近，将其杀死，蒙古军队灭亡了西辽，为蒙军西征打开了一条战争通道。

吞并西辽之后，蒙古帝国的西部边界就与中亚大国花剌子模比邻了。最初，成吉思汗并没有与花剌子模交战的想法，蒙古国建立后，两国一直保持着和平的贸易往来关系。然而，随后发生的一些事情改变了这位“草原霸主”的想法。

万里不惜死，一朝得成功。

画图麒麟阁，入朝明光宫。

大笑向文士，一经何足穷！

古人昧此道，往往成老翁。

——〔唐〕高适《塞下曲》

马踏葱岭

成吉思汗南下侵金是蓄意的，但是，对千里之外、远在中亚咸海以南图兰低地的花剌子模王国的侵略却是形势所迫。不过，正是这个事先没有企图的入侵，开拓了蒙古人的视野，奏响了蒙古铁骑横扫欧亚大陆的序曲。

花剌子模又称“回回国”，是中亚的一个大国，位于阿姆河（今土库曼斯坦一带）下游的古国。在13世纪初时，花剌子模控制着今天中亚五国，即哈萨克斯坦、吉尔吉斯斯坦、乌兹别克斯坦、塔吉克斯坦和土库曼斯坦所处的地域，以及阿富汗、伊朗的部分地区，成为伊斯兰世界最强大的统治者，都城设在玉龙杰赤（今乌兹别克斯坦郭耳加纳契）。

成吉思汗十年（1215），成吉思汗进占金朝中都之后，花剌子模国王阿拉乌定摩诃末派使节团抵达中都。双方表达了建立友好关系的愿望，彼此承诺允许商人自由往来。然而，双方的关系并未向着理想的友好态势发展。成吉思汗十三年（1218），一支中亚商队在蒙古结束商业活动准备返回时，成吉思汗也组建了一个400人的回访商队，带上金、银，用500头骆驼驮着大量的皮毛、纺织品前往花剌子模，换取当地的珍品。

蒙古商队到达花剌子模的边境讹答剌城（今哈萨克斯坦境内）时，守将亦难出见财起意、恶上心头，诬蔑蒙古商队是间谍，结果，除一名骆驼夫逃脱外，其余蒙古商队成员被全部杀害。噩耗传来，震惊了成吉思汗。但成吉思汗还是先派出使者前往花剌子模交涉，要求花剌子模交出凶手。但摩诃末拒绝惩办凶手。为了展示雄威，摩诃末还杀死了一位蒙古使臣，剃去另二位蒙古使臣的胡须，并将他们驱逐出境。摩诃末的傲慢自大，最终引来了杀身之祸。

和平交涉失败后，成吉思汗调集蒙古主力军队、金朝归降的汉军、契丹军，征召畏吾儿、哈剌鲁和西辽的人马，总计兵力近20万人，开始了长达半年时间的战备训练。还准备了攻城的专用装备，如抛射石弹的炮，攻城土木作业的辕辐车、攀城的木幔、云梯，冲撞城门的钩撞车，用弓弩发射的火箭和火药箭等。这些攻城器械是经北宋传到西夏和金国，再传到蒙古的。为了攻城，成吉思汗将从金国俘获的、从西夏和畏兀儿部征调来的工匠组建成工兵部队，随同蒙古骑兵一同西征。

成吉思汗十四年（1219）四月，成吉思汗把漠北后方的事务交给皇弟帖木格，漠南的事务交给皇女阿剌合别乞，自己亲率诸子、诸那颜及号称 60 万的大军，开始了蒙古帝国首次西征之旅。

此时，花剌子模军队的总兵力有 40 万，但是，统治集团内部矛盾重重。摩诃末国王的权力受到外戚军事贵族的挑战，导致总体兵力虽然拥有优势，却不能协同作战抵抗蒙古军。九月，成吉思汗大军到达花剌子模的东部边境重镇鄂答剌城附近，随后兵分四路：察合台、窝阔台率师围攻鄂答剌；术赤率师沿忽章河（锡尔河）进攻毡的、养吉干诸城；阿剌黑那颜率军向东南，征战忽毡（今乌兹别克斯坦共和国列宁纳巴德）等城；成吉思汗与拖雷取中路，渡锡尔河，向西南横渡红沙漠直逼花剌子模东部边境的另一重镇、中亚细亚的大城市不花剌城（今布哈拉）。

战争打响后，双方进入胶着状态。但是，经过数月苦战之后，蒙古军控制了局势。虽然摩诃末在鄂答剌加强了防御力量，最终还是被察合台、窝阔台率军攻破城防，俘虏了守将亦难出。成吉思汗令工匠将银块熔化，把滚烫的银液灌入亦难出的眼睛和耳朵，酷刑处死了这个贪财的边关守将。

成吉思汗十五年（1220）二月，成吉思汗的中路军占领了不花剌城。“不花剌”是波斯语“学问中心”的意思，这里是中亚的一座历史文化名城。成吉思汗进城后，在清真寺举行了庆功宴会，打开仓库，士兵们搬来谷料，将古兰经倒出，用书柜做马槽子，在庭院里喂起马来。接着，又抬来酒囊，拉来城里的歌伎，陪他们跳舞作乐。那些德高望重的伊斯兰教首领、学者、贵族们则在蒙古军的监督下喂马、干杂活。在城内大肆掠夺一番之后，蒙古军纵火焚烧了不花剌城。

三月，术赤等三路兵马占领了锡尔河两岸的全部城市。成吉思汗的中路军也在攻下不花剌城之后，完全切断了花剌子模新都撒马尔罕（今乌兹别克斯坦主要城市）与旧都玉龙杰赤之间的交通。

随后，蒙古四路大军分进合击，向下一个目标挺进——花剌子模新都撒马尔罕。撒马尔罕位于阿姆河和锡尔河之间，被誉为人间最美的天堂和乐园。为了守住撒马尔罕，摩诃末调集 11 万精锐部队防守，其中 6 万人为突厥部士兵，5 万人为大食士兵（今伊朗人）。但是，鄂答剌和不花剌城惨败的消息传来后，摩诃末对这个强悍的对手心生畏惧，慌忙离开撒马尔罕，向阿姆河以南撤退。

五月，蒙古四路大军会师撒马尔罕城下。虽然国王摩诃末临战逃脱，撒马尔罕的守军却不畏强敌，一次次击退了蒙古军的突击。而蒙古军经过 6 天的苦战，终于攻克了撒马尔罕城。

入城后，成吉思汗挑选壮丁充军，又挑选了 3 万名工匠分给了诸子、诸妻和部队，其余的民众在缴纳了一定数目的赎金后，准许回到城里居住。但是，把被俘的 3 万名康里（突厥人的一支）兵全部屠杀。成吉思汗任命耶律阿海留守撒马尔罕城。

征服了撒马尔罕城，成吉思汗先命令哲别、速不台、脱忽察儿率 3 万骑兵追击摩诃末，要求他们要像强风吹入花剌子模国土那样，无论摩诃末躲藏在哪里都要抓住他，对归顺者给予奖励和保护，对反抗和不满的人一律杀掉。蒙古军余部进行休整，待秋高马肥时再继续进攻其他诸城。

摩诃末马不停蹄地逃到里海的一个小岛上，哲别、速不台穿过呼罗珊[①]地区追踪而来，一路攻略数城。成吉思汗十五年（1220）秋，哲别和速不台攻入里海，攻破阿哲儿拜占（今阿塞拜疆）。年底，摩诃末病死在岛上。哲别和速不台率部就地休整过冬，同时派出一支部队，将摩诃末的母后秃儿罕可教和诸嫔妃、王子及宫中人押送到成吉思汗的营地。

同时，成吉思汗十五年（1220）七月，成吉思汗命窝阔台部、术赤部和察合台部进攻旧都玉龙杰赤，由术赤负责指挥；成吉思汗和拖雷则继续南下，向阿富汗推进，进攻阿姆河南部重镇巴里黑（今阿富汗马扎里沙夫西）、塔里寒（今阿富汗塔利甘）等地。

然而，蒙古军围攻玉龙杰赤却并不顺利，原因是术赤与察合台不和，导致指挥混乱、号令不一，进攻毫无进展。成吉思汗得知后，改派窝阔台全权指挥攻城。窝阔台上任后，设法调解两位兄长之间的矛盾，同时坚定地执行父汗的命令，带领蒙古军全力投入战斗，终于突破城门，杀进城中。居民被驱往城外，工匠、

① 今中亚阿姆河以南、兴都库什山脉以北地区，大部分在今伊朗境内，一部分在阿富汗赫拉特一带和土库曼斯坦境内的马雷一带。呼罗珊分巴里黑、马鲁、也里、你沙不儿四个地区。

妇女儿童被俘送蒙古本部，其余的人全部被屠杀。洗劫玉龙杰赤之后，蒙古军又引阿姆河水灌城，将这座美丽的都城变成了一片汪洋。

至此，河中地区，即阿姆河与锡尔河之间的区域全部被蒙古军占领了。

成吉思汗十六年（1221）春，拖雷率7万部队向西南呼罗珊地区进攻，而成吉思汗则领兵渡过了阿姆河，抵达巴里黑。

拖雷一路连克途思、奈撒（今土库曼斯坦阿什哈马德东）、马鲁（今土库曼斯坦马里）、你沙不儿（今伊朗内沙布尔）、也里（今阿富汗赫拉特）诸城。在进攻你沙不儿城的战斗中，成吉思汗的女婿脱忽察儿战死，成为成吉思汗西征途中战死的唯一高级将领。

成吉思汗兵临巴里黑城下，守将不战而降，蒙古军继续向东围攻塔里寒。在这里，成吉思汗遇到了塔里寒军民的顽强抵抗，激战7个月仍未攻克。成吉思汗不得已，要求拖雷回师援助。在两路大军全力攻击下，塔里寒最终被攻克，塔里寒城守军和平民惨遭屠杀。

征服花剌子模、呼罗珊之后，成吉思汗又拟定了下一个军事目标：消灭摩诃末的儿子札兰丁。

日轮浮动羲和推，
东方一轧天门开。
风神为我扫烟雾，
四海荡荡无尘埃。

——〔唐〕施肩吾《晓光词》

横扫欧亚

札兰丁是摩诃末的长子，无论智慧还是勇武，都远在其父之上，也是成吉思汗一生中所遇到的最强的对手之一。

阿拉乌定·摩诃末临终前将王位传给了札兰丁。遵循其父旨意，札兰丁在玉龙杰赤即位，但是军事贵族们并不欢迎这位有勇有谋的新国王，而更喜欢平庸无能的斡思剌黑王储。他们不仅反对札兰丁，还图谋杀害他。所以，在蒙古军围攻玉龙杰赤之前，札兰丁带领 300 名精骑随从逃往巴里黑、塔里寒一带，最后跑到哥疾宁（今阿富汗加兹尼），并募集近 10 万大军备战。

成吉思汗十六年（1221），成吉思汗派失吉忽秃忽、帖克扯克等追击札兰丁。帖克扯克率领的 1000 多名蒙古骑兵不敌札兰丁的精兵。四月，失吉忽秃忽再率 3 万骑征讨札兰丁。双方在八鲁湾川（今阿富汗查里卡东北）激战，结果蒙古军惨败，且损失过半。

这也是蒙古西征中损失最惨重的一战。

成吉思汗闻讯后，亲自率军火速迎击札兰丁。在途经古儿疾汪（今阿富汗境内）、范延时，遭到当地人民的顽强抵抗。在攻占范延的战斗中，他心爱的孙子、察合台的长子木图干被守军射死。成吉思汗为了报仇，下令屠杀城内所有人，摧毁所有东西，将范延变成了死亡之城，并把该城取名为“卯危八里”（意为歹城）。当成吉思汗率军赶到哥疾宁城时，札兰丁已经撤离半月之久，向申河（今印度河）方向逃遁，企图在北印度建立据点。

成吉思汗命窝阔台镇守哥疾宁，又亲率大军追击札兰丁。成吉思汗十六年（1221）十月，蒙古军日夜兼程追击到申河北岸，此时札兰丁尚未渡河。为了防止札兰丁渡河逃走，成吉思汗下令连夜作战，将蒙古军散开，呈偃月形，向札兰丁发起进攻。经过激战，札兰丁的六七万大军全部覆没，札兰丁知道无法取胜时，将妃嫔、子女和金银财宝沉入河中，随后纵马入河，游至对岸，与仅剩下的4000余名跟随者逃往印度。

适逢寒冬，成吉思汗决定在不牙迦图儿休整部队。次年春，派巴剌和朵儿伯那颜率领两万蒙古军继续追击札兰丁余部。巴剌等人一路寻觅，不见札兰丁的踪迹，再加上时已炎夏，难以适应北印度的气候，便于成吉思汗十八年（1223）撤回，在巴鲁安与成吉思汗会师。

此时，札兰丁已经离开了印度回到波斯，他要以阿塞拜疆为中心重建花剌子模国。虽然最终还是被蒙古军消灭，不过，那是窝阔台继承蒙古汗位之后发生的事了。

在追击札兰丁的同时，哲别和速不台则在成吉思汗十五年（1220）秋攻占阿塞拜疆后，于次年奉命攻入谷儿只地区（今格鲁吉亚）。

成吉思汗十七年（1222）春，这支蒙古军转战沙马哈（今阿塞拜疆舍马合）、打耳班（今俄罗斯达吉斯坦自治共和国捷尔本特）、高加索，行程数千千米，完成了对欧洲的战略性侦察任务，也离间和破坏了居住在帖雷克河流域的阿兰人与钦察人之间的联盟，逐个击败了阿兰、钦察，最终入侵钦察草原。

钦察人向斡罗斯（今俄罗斯地区）求援。斡罗斯各公国的大公们认为，不能坐视不救，若钦察人遭到屠杀，蒙古人的铁骑就会踏遍整个斡罗斯，各公国必须组织联军救援钦察人。

速不台派 10 名使者来到斡罗斯，劝说诸大公们不要出兵救援钦察人，遭到斡罗斯大公拒绝，且杀死蒙古使者，并派出军队渡过第聂伯河东进，还一举歼灭了蒙古军先头部队近千人。

初战的胜利，让斡罗斯联军产生了轻敌思想，一路穷追不舍。哲别和速不台则决心诱敌远离其境，等待术赤的援军。此时，术赤正在玉龙杰赤以北扫荡。成吉思汗十七年（1223）年初，术赤的近万名援军与哲别、速不台的两万人会合在迦勒迦河畔平原。

斡罗斯联军包括钦察军在内约为 8 万人，由密赤思老公爵统率，还有基辅大公的万余兵力在河岸高地上构筑工事，进行防御。相对之下，蒙古军不足 3 万人，联军占有明显优势。但是，联军内部行动不协调，密赤思老公爵自认为完全可以战胜蒙古军，因此未通知基辅大公等人，径自率领所部 8 万人与蒙古军开战，两军战于迦勒迦河东岸。

正所谓“势弱只因多算胜，兵强只因寡谋亡”。蒙古军在力量对比悬殊的情况下，采取各个击破的战法，首先冲向钦察军，钦察军战败而逃，引起斡罗斯军一片混乱，蒙古军乘势向斡罗斯军发起攻击。经过 7 天鏖战，斡罗斯联军全部被歼灭，密赤思老公爵乘船逃回。蒙古军渡过迦勒迦河，继续进攻基辅大公。又经过 3 天激战，基辅大公投降。这一战史称“迦勒迦河之战”。

随后，蒙古军长驱直入，自斡罗斯南部沿黑海北岸进入克里米亚半岛。成吉思汗十七年（1223）年底东返，经伏尔加河，进攻位于亦的勒河中游的保加尔王国，但是被当地居民击退。成吉思汗十八年（1224）春，哲别等人接到成吉思汗的诏令，沿黑海、里海北岸回返，哲别在途中病逝。

成吉思汗十九年（1225）年初，蒙古西征军满载而归回到蒙古草原，结束了持续 7 年的远征。这次西征，蒙古铁骑南踏印度，西至伊拉克、阿塞拜疆、黑海北岸，北达斡罗斯和基辅。

为了加强对已征服国土的统治，成吉思汗将版图分封给诸子：乌拉尔河以东的钦察草原东部和阿姆河、锡尔河两河下游花剌子模地区，归属术赤；原西辽故地归属察合台；叶密立（今新疆额敏）以北，包括今额尔齐斯河和阿尔泰山一部分的原乃蛮部地，属于窝阔台。这就是前面所说的“西道诸王”封地。

虽然，花剌子模由术赤镇守，但是成吉思汗在各城设置了“达鲁花赤”，也就是督官。达鲁花赤是代表成吉思汗意志的军政、民政和司法官吏，以《大札撒》为根本，结合当地的统治惯例行使其统治权。

人生无百岁，百岁复如何？
古来英雄士，各已归山河。

——〔明〕刘基《绝句》

长春真人

早在西征之前，成吉思汗就派遣侍臣刘仲禄远赴山东东莱（今山东莱州），敦请全真教道人丘处机。成吉思汗听说丘处机法术超人，希望能从他那里得到长生不老药。

成吉思汗十六年（1222）八月，74 岁高龄的丘处机带领弟子 18 人，历时 3 年，行程近万里，抵达成吉思汗远在汗雪山的行宫。

见到丘处机，成吉思汗急切地问道："有使我长生的药吗？"

丘处机答说："有。"成吉思汗大喜，且"温颜以听"。丘处机解释道："长生之道，清心寡欲；一统天下，不嗜杀人；为治之方，敬天爱民。"

九月，丘处机设坛向成吉思汗传授道教的哲学思想。他强调：天子应除残去暴，减声色，省嗜欲，内固精神，外修阴德，恤众保民，使天下怀。"修身之首，贵乎中和，太怒伤身，太喜伤神，太思虑则伤气。"丘处机的治国安邦和治身之术，深得成吉思汗的赞赏，并"令左右录之"。成吉思汗对丘处机的推崇，使得全真教盛极一时，也令丘处机的声誉达到登峰造极的程度。

成吉思汗十七年（1223）二月，成吉思汗射猎时不慎坠马，丘处机劝告他年事已高，宜少出猎。成吉思汗说："神仙劝我语，以后都依也。"

然而，事实证明，"神仙"的劝语，成吉思汗并非都依。

成吉思汗十八年（1224），成吉思汗结束西征班师回蒙古，一路且行且牧且猎，于次年春天回到蒙古草原。不久，成吉思汗又决定再度亲征西夏。因为，西夏被成吉思汗征服后，虽然于成吉思汗十七年（1223）派出10万兵力跟随木华黎围困凤翔城，但是，厌战的西夏官兵未等凤翔城克就擅自撤回。加之承诺西征花剌子模的西夏部队也未如期兑现，令成吉思汗怒火难抑。成吉思汗十八年（1224）七月，木华黎的儿子孛鲁率蒙古军第五次征伐西夏。十一月，西夏献宗李德旺不得不再次请降，并许纳质子。但是，直至成吉思汗十九年（1225），成吉思汗回到蒙古，西夏的质子也未送到，同时，西夏的外交国策也完全改变了。

这一年，西夏与金国重修旧好，双方结成兄弟之国，承诺有难互相支持。西夏不纳质子，又联金抗蒙的政策激怒了成吉思汗。成吉思汗二十年（1226）三月，成吉思汗亲率大军，第六次征讨西夏。在成吉思汗率10万大军攻克黑水城时，西夏才发现已经朝不保夕的金朝根本无力帮助自己渡过难关。是年夏天，成吉思汗已经连破甘州（今甘肃张掖）、肃州（今甘肃酒泉）、西凉府（今甘肃武威）等城池。蒙古铁骑旋风般席卷西夏大地。七月，李德旺忧惧而死，传位给他的侄儿南平王李晛，史称夏末帝。

李晛即位以后，成吉思汗率军越过沙陀，进至黄河九渡，又拿下朔罗、河罗、应理（今宁夏中卫）等县。十一月，蒙古军进攻灵州城（今宁夏灵武）。灵州为西夏南部重镇，势在必争，于是，李晛派出大将嵬名令公带领 10 万大军赴援。成吉思汗则撇下灵州，踏冰渡过黄河，阻止西夏大军过河东进。嵬名令公率兵殊死搏杀，战斗异常激烈，灵州最终失守，西夏的伤亡数倍于蒙古军。

十二月，蒙古军开始围困中兴府。经灵州之战的沉重打击，西夏已无法再组织起有力的抵抗力量。成吉思汗二十二年（1227）年初，成吉思汗命令阿术鲁率部分军队继续围攻中兴府，自己带领主力渡河攻打积石州（今甘肃临夏县西），连破临洮府、洮州（今甘肃临潭）、河州（今甘肃临夏）、西宁等州。半年后，已经粮尽援绝、军民困病的中兴府终于投降。六月，夏主李晛请降，但要求宽限一个月前往谒见成吉思汗。这时，成吉思汗已经回师到甘肃的六盘山避暑，经由六盘山行至清水县时患病，病情很快加重。七月十二日，66 岁的成吉思汗病逝于军中，之后按蒙古民族习俗秘密安葬。

时至今日，成吉思汗的密葬地仍然是一个不解之谜。各国考古专家比较认同的地点有四处：一是位于蒙古国境内的肯特山南，克鲁伦河以北的地方；二是位于蒙古国杭爱山；三是位于我国宁夏的六盘山；四是位于内蒙古鄂尔多斯鄂托克旗境内的千里山。

按照习俗，元代帝王的墓葬都采用“密葬”的形式，所以至今未发现一座元代皇家陵墓。据《蒙古秘史》记载，蒙古皇族下葬后，先用几百匹战马将墓上的地表踏平，再在上面种草植树，而后派人长期守陵，直到地表不露任何痕迹方可离开，而知情者则会遭到杀戮。虽然我们无法知道成吉思汗被安葬在何处，但是历史知道，随他而逝的还有西夏王朝。据记载，成吉思汗在临终前留下遗命：死后秘不发丧，以防西夏国得知实情发生势变，待李睍前来朝见时，杀掉他以及整个李氏皇族。

当月，李睍在毫不知情的情况下，带领王公大臣出降。蒙古军将他们带到成吉思汗安葬地萨里川后，全部杀害，立国 189 年之久的西夏王朝自此亡国。

稍稍云木动，蔼蔼烟峰乱。

远浦引归桡，双崖临绝岸。

——〔元〕揭傒斯《山水卷》

窝阔台称汗

成吉思汗生前曾选定三儿子窝阔台为蒙古国的汗位继承人，但是，1227 年成吉思汗去世后，直到 1229 年窝阔台才继承了汗位。是什么原因导致蒙古汗位虚空两年之久呢？

成吉思汗十五年（1219），成吉思汗决定西征花剌子模前夜，成吉思汗的幼皇后也速伦提出：在即将发生的战役中，如果大汗发生什么不测怎么办？为了防范万一，应该在 4 个儿子中选出蒙古可汗的继承人，让众人知道。

成吉思汗与正皇后孛儿帖生育了 4 个儿子：长子术赤、次子察合台、三子窝阔台、幼子拖雷。他们各有所长，多年跟随成吉思汗南征北战、屡立战功，在军中都极具威望。成吉思汗接受了也速伦的提议。但是，围绕继承人的问题，4 个儿子之间却形成了两大营垒：察合台与窝阔台联手，术赤与拖雷相互支持。

察合台首先向术赤发难，公开对术赤的血统表示怀疑，说术赤是蔑儿乞人的后代。他提醒人们注意，当年成吉思汗正皇后孛儿帖被蔑儿乞人俘虏了一段时间，被救出来不久，术赤就出生了。同时还表示，如果术赤成为可汗，他不会服从术赤的管理。术赤大怒，要与察合台一决雌雄，比赛射箭和摔跤，被众人劝止。最后，察合台表示，自己与术赤都不做继承人，推举窝阔台为继任人。为了避免选出有争议的继承人，成吉思汗也倾向于这个折中的方案。对此，术赤虽然不情愿却也只好同意，拖雷也没有公开表示异议。就这样，汗位继承问题的讨论取得了初步的一致。

此后，在长达 6 年的西征战事中，成吉思汗也留意观察四个儿子的表现。在攻打玉龙杰赤之初，术赤与察合台不和，导致战事处处受挫。直到窝阔台接任指挥后，三人才齐心协力，取得了胜利。但是，得胜之后三人私自分配了俘虏和百姓，既没有请求父亲裁决，也没给父亲和弟弟留下份额，成吉思汗对此非常不满。

相反，拖雷一直陪伴在成吉思汗身边，战功卓著，少有过失，而且拖雷的军事才能在四兄弟中更为突出。在游牧民族的传统习俗中，幼子是家庭财产的守护者。但是，拖雷性格刚毅果决，性烈如火，窝阔台则谨慎、坚定、老成持重。因此，在窝阔台与拖雷之间选择时，尤令成吉思汗犹豫不决。思量再三，最终还是决定把汗位传给窝阔台，将自己的主力军队、人民和财产按照旧俗留给拖雷。

八年后，成吉思汗病重，当时术赤已于成吉思汗十七年（1223）病逝，察合台则留守在蒙古草原，所以临终前只有窝阔台和拖雷守在身边。成吉思汗叮嘱他们，再次强调把汗位传给三子窝阔台，要他们不要违背他的话。

成吉思汗死后，窝阔台并没有遵照成吉思汗的安排继任大汗之位。因为按照惯例，蒙古汗位的继承者必须再经过“忽里勒台”批准，也就是只有经由蒙古宗亲、贵族参加的大会中推举出来的继承者才具备正统合法性。此时，拖雷是大汗家庭的守护者，也是蒙古汗国的守护者和监国者，掌管着国家事务，什么时候举行“忽里勒台”由他来决定。而拖雷对汗位心存觊觎，并不想过早召开“忽里勒台”移交权力，所以窝阔台的继位工作始终在缓慢地推进中。

1229年秋，盛大的“忽里勒台”终于在怯绿连河上游的大斡耳朵召开了。术赤的儿子们从钦察赶来；察合台及其子孙们从海押立赶来；窝阔台及其子孙们从叶密立赶来；成吉思汗的弟弟及其子孙们也相继从各自的封地会聚而来。

虽然成吉思汗生前已经指定了窝阔台为继承人，但是拖雷的态度暧昧不明，无坚决推戴之意。会议召开后，窝阔台不得不再三谦让，甚至表态说：拖雷是大斡耳朵的幼子，一直日夜伺候成吉思汗，目睹、耳闻和领会成吉思汗的札撒，有他在，自己怎能继承汗位？同时，术赤系宗王积极支持拖雷，而拖雷私下做了工作的亲王们也推选拖雷当大汗。但是，察合台系和窝阔台系的宗王们则要求遵照成吉思汗的遗命，推举窝阔台为大汗。为此，宗亲和贵族们进行了长达40天的辩论。

在僵持不下之际，八月二十四日，成吉思汗的重臣耶律楚材站出来说："大汗若不早定，恐生他变。"劝谏拖雷拥戴窝阔台。并以"今日正是吉日，过时再无吉日"为由，请求拖雷立断。耶律楚材一向深受众人敬服，与会者闻言纷纷附和，拖雷只得让步。接着，耶律楚材倡立"朝仪"，对察合台说："亲王虽然是兄长，但地位则是臣子，按礼节应当跪拜皇帝。您跪拜了，就没人敢不拜啦。"就这样，经耶律楚材说服，察合台带领叔父和兄弟们向继任大汗行君臣礼，以维护大汗的尊严，提高窝阔台在宗亲、贵族中的地位和威望。蒙古国君臣间行跪拜之礼就是从这时候开始的。当日，窝阔台的即位典礼如期举行，采用"合罕"称号。即位仪式结束后，举行了盛大的庆祝宴会。在宴会上，窝阔台向到会的显贵们分别赏赐了财物。随后，窝阔台又下令，按照蒙古习俗，为成吉思汗举行了隆重的祭祀活动。

窝阔台即位后，起用的主要官员有耶律楚材、女真人粘合重山、汉人刘敏以及克烈部人镇海。其中，耶律楚材受到格外重用。在耶律楚材的辅佐下，窝阔台制定和施行了各种新制度，改变了蒙古汗国原始的统治方法，为适应新的政治形势发挥了很大的作用。

随着蒙古国统治范围的扩大，成吉思汗制定的《大札撒》已经无法满足现实的需要。为此，窝阔台根据耶律楚材条陈的《便宜十八法》，重新制定颁布了《大札撒》。大致内容为：严禁地方官擅自滥杀百姓；严禁官员监守自盗，不准商人借贷官物；犯死罪者，需要三令五申待报，然后行刑；禁止行贿受贿；打击地痞流氓杀人盗窃，禁止地主富豪抢夺民田，等等。

窝阔台还规定“谁触犯新旧《大札撒》，即按罪行之轻重给以惩罚”。这一规定，不仅在相当程度上将整个国家纳入依法治理的轨道，也确保了新旧《大札撒》的实施。为了加强中央集权，窝阔台汗元年（1229），窝阔台设立了课税所，把征税的权力收归中央，从中分配一点税额给有封地的贵族，以保证税、粮征收。窝阔台汗二年（1230），建立了燕京、宣德、西京、太原、平阳、真定、东平、北京、平州、济南等十路征收课税所，征收土地税和盐、酒、矿冶等商业税，由耶律楚材总管其事。定期将征收到的金帛和仓库账簿上交给窝阔台。针对赋役征调问题，规定：蒙民拥有马、牛、羊各百者，按百分之一的数量上缴；河北一带汉民以户计算，出赋调，由耶律楚材负责；西域人以丁计算，出赋调，由麻合没的滑剌西迷负责。

另外，成吉思汗时期，中央官制比较简单，随着统治区域的扩大和政务的日益繁多，官制改革势在必行。窝阔台汗三年（1231），蒙古汗国设立了最高行政机构——中书省，任命耶律楚材为中书令，粘合重山为左丞相，镇海为右丞相，这标志着蒙古汗国军政合一的传统制度发生了军政分离的变化。

窝阔台还设置了保障军队的物资供给的仓库，专门储备战争物资和军事器械，同时也贮藏布匹、银锭、弓矢、甲胄、粮食等，以备赏赐，选派“司库”“司粮”专责看守。

为了促进畜牧业的生产发展，窝阔台决定改善牧地的供水条件，政府组织在牧区缺水处掘井引水，解决人畜用水的困难。同时，还建立了驿传制度，开辟通往中原和西域的驿道，任命了总管站官；要求沿途诸王分别派出负责官员，在各自的封地内修筑道路，分拨站户，并规定使臣需在驿站行走，不得骚扰沿途百姓。

针对王公贵族们拥有的驱口[①]过多，挤压了汗廷税源的问题，窝阔台汗下令：除少数家奴外，陆续释放大多数驱口。

窝阔台颁布的各项政策措施，推动了蒙古帝国的政权建设，也提高了大汗的地位，对巩固中央集权的统治发挥了重要的作用。

---

① 金朝时已有“驱口”一词，简称“驱”，主要指战争中被俘获驱使之人，身份如同奴隶。除战俘外，还有因无力偿还债务或获罪而沦落为“驱”的，也有迫于租赋或饥荒而卖身为“驱”的。

两株桃杏映篱斜，妆点商山副使家，

何事春风容不得，和莺吹折数枝花。

——〔宋〕王禹偁《春居杂兴》

蒙金决战

成吉思汗临终前，除汗位继承问题之外，还有一件放心不下的事情就是与金朝的战事。他叮嘱儿子说："金朝的精兵都在潼关，潼关南据华山，北靠大河，形势险要，难以攻下。但是，宋朝与金国有世仇，如向南宋借道，就可出兵直捣开封。这时，金朝必从潼关调兵，潼关几十万大军，千里赴援，人马疲惫，虽赶到却不能战，如此金国可灭。"

窝阔台即位后，遵行父汗的灭金遗策，发动了灭金战争。金蒙战争进入最残酷的阶段。

窝阔台汗元年（1229），窝阔台派遣克烈亦惕人速哥出使金国，胁迫金国向蒙古纳岁贡，遭到金哀宗拒绝。此后，经过一年的整兵储饷，窝阔台汗二年（1230）秋，蒙古军兵分三路进攻金国：拖雷率领西路军，从原西夏地区南下与原在庆阳地区的蒙古军会合向凤翔进攻；中路军由窝阔台汗统率经山西过黄河，向京兆、潼关方向进攻；东路由塔思统率，向卫州进攻。

窝阔台汗三年（1231）四月，拖雷军攻克凤翔，取宝鸡，并派遣使节速不罕到南宋商谈借路，不料在途经河州时被南宋守将张宣杀掉。拖雷大怒，率军攻破大散关，以武力向南宋借路，并连克兴元（陕西汉中）、金州（陕西安康），向东南挺进，又攻取房山挥师东下，兵锋指向邓州。

这时，金朝大将完颜合达与移剌蒲阿率机动部队 15 万大军，在邓州西南境内的禹山迎战。这个兵团是金朝的战略机动部队，是一支精锐部队，主要用来应援各地紧急战事，同时也是备战潼关的主力军。

拖雷自知兵力不足以攻克邓州，所以不与金军正面交锋，金军来袭，蒙军即退。拖雷利用金军怯战的弱点，采用机动灵活的运动战术与之周旋。完颜合达、移剌蒲阿见拖雷军并不强大，又怕蒙古大军乘虚袭击开封，于是带领机动部队主动回防开封。

拖雷见状，留下一部分蒙军牵制邓州，其余主力军绕过邓州，向北挺进，尾随完颜合达、移剌蒲阿的金军直接杀向开封。一路上，拖雷的骑兵不断袭扰金军。金军全力还击时，拖雷又不战而去，待金军一驻营，他又来袭，且夜间鼓噪以扰之。金军一路且行且战，吃不好也睡不稳，疲惫不堪。同时，窝阔台汗统率的中路军已经攻占了河中府、同州、华州和京兆东南部分地区。并派出速不台率一支蒙古军攻击潼关、蓝关，但是，速不台却战败而回。乘着隆冬时节黄河结冰，窝阔台率军渡河南下，并派一部分部队南下，与拖雷军会合。

窝阔台汗四年（1232）正月，东路蒙军攻克卫州，兵临开封城下。拖雷到达钧州（今河南禹州）以南的三峰山后，继续袭扰完颜合达、移剌蒲阿的金军。随即中路军也赶到，与拖雷会合，乘着风雪大作之时，拖雷将蒙古军布成口袋阵，包围了完颜合达、移剌蒲阿的金军。此时，金军粮尽人乏，军士被甲胄僵立雪中。

随后，蒙古军故意让开通往钧州的道路，设下埋伏，待金军经过时突然发起总攻，大败金军。金将杨沃衍、樊泽、张惠战死，移剌蒲阿向开封方向突围，却被蒙古军活捉。完颜合达率残部败归钧州城，被蒙古军队包围，终因寡不敌众，城破被杀。三峰山之战，金朝元气大伤。三月，窝阔台、拖雷得胜北还，留速不台等率蒙古军围攻开封，令塔思与忽都虎统兵攻略定河以南各地。开封的金朝军民进行了顽强的保卫战，蒙古军久攻不克。但是，经过久困，入夏后，开封城内瘟疫盛行。七月，蒙古使者唐庆入城劝降，被金军所杀。和议不成，孤城开封又粮尽，熬到十二月，金哀宗逃出开封，次年六月逃到蔡州（今河南汝南）。不久，开封、中京（今河南洛阳市）相继陷落。自开封被围，蒙古数次遣使到南宋，约请联兵灭金。南宋受金国的压抑已有百余年，积贫积弱、暮气沉沉。此时，见金朝大势已去，便决定趁此机会报复金朝。

窝阔台汗五年（1233）八月，南宋与蒙古达成协议，联手出兵灭金。九月，塔察儿率领蒙古军至蔡州。十一月，南宋以孟珙为统帅发兵两万，运粮 30 万石，抵达蔡州城南。双方划定围城地界，约定互不侵犯，履约合攻蔡州。十二月，宋、蒙两军对蔡州城发动进攻。金军顽强守城，战斗十分激烈。但是，城内粮食断绝，金军陷入绝境。

窝阔台汗六年（1234）正月初十，金哀宗将帝位传给蔡州城的东面元帅完颜承麟，指望他率领大家杀出蔡州。然而，就在完颜承麟即位之日，宋、蒙两军分别从南门、西门攻入蔡州城。完颜承麟率领一千金军精锐，与蒙宋联军展开激烈巷战。金哀宗见蔡州城已破，自缢身亡。完颜承麟也为乱兵所杀。立国 119 年的金王朝，就此灭亡。

随后，蒙宋双方协商，将原金朝统治的河南分割为两部分：陈州（今河南周口淮阳区）、蔡州（今河南汝南）以北的州郡归蒙古占领；以南地区归南宋占领。蒙古军主力撤回北方，南宋军队也撤回襄阳、信阳等地驻扎。但是，对于这次的协商结果，双方都不满意。南宋认为：这些土地本是自家祖上的基业，应该都归属自己。而蒙古自恃强大，不愿将到手的肥肉拱手相让。于是，乘蒙古军撤回草原之机，南宋出兵收复了中原的大片失地，为蒙古军讨伐南宋埋下了伏笔。

风驱急雨洒高城，云压轻雷殷地声。

雨过不知龙去处，一池草色万蛙鸣。

——〔明〕刘基《五月十九日大雨》

虎狼之师

窝阔台汗四年（1232）三峰山战役结束，窝阔台、拖雷高唱凯歌，班师北还。但是不久，蒙古军中爆出一件惊人的事件。

据《元朝秘史》记载，窝阔台突然暴病，昏迷不醒。巫师说：“金国山川之神，为军马掳掠人民，毁坏城郭，以此为祟。许以人民财宝等物禳之，卜之不从。其病愈重，惟以亲人代之则可。”

当时，窝阔台的身边只有小弟拖雷。拖雷慨然应道：“我代哥哥，有的罪孽，都是我造来，我又生得好，可以事神。”于是，巫师把念过咒语的水端给拖雷，拖雷毫不犹豫，一饮而尽。几天后，窝阔台的病果然好了，而拖雷则暴病身亡。

拖雷死得蹊跷，当时蒙古国上下颇有议论，后人更是猜测纷纷。多数人推断：这是窝阔台与巫师合演的一出戏，在符水中下了毒。因为拖雷是窝阔台汗位最大的竞争对手，拖雷不仅拥有成吉思汗留下的雄厚家产和强大的军队，三峰山战役更让拖雷声望高涨。所以，后人猜测，窝阔台为了保住汗位，毒死了拖雷。

拖雷暴死，窝阔台却封锁了消息，等他回到蒙古草原后才予以宣布。接着，窝阔台把原属于拖雷的速勒都思部两千户拨给了自己的儿子阔端，还下令拖雷的妻子怯烈·唆鲁禾帖尼嫁给窝阔台的长子贵由。

唆鲁禾帖尼（？—1252）是克烈部首领王罕的侄女，聪明能干、贤淑明礼，是一位受蒙古人尊敬的女性。拖雷的死讯传来，她伤心欲绝，又心生疑窦。但是，她也只能将仇恨埋在心底，为她的儿子们争取更多的权益。为了保全自己的家庭，唆鲁禾帖尼拒绝了窝阔台的安排，她请求说："我有一个愿望：要抚养这些孩子，把他们带到成年自立之年，让他们有良好的教养，彼此不分开，相互不离弃。"唆鲁禾帖尼有这样的意愿，贵由也没有坚持，让她能与24岁的长子蒙哥、17岁的次子忽必烈，以及其他儿孙们一起生活，并继续掌握拖雷的封地和属民。为了不触怒窝阔台，避免引来杀身之祸，唆鲁禾帖尼劝阻手下万户、千户们的抵抗行为，同意将速勒都思部的两千户拨给阔端，并且教育拖雷系成员，要与阔端家族友好相处，两系建立良好的关系。

拖雷的事情告一段落，窝阔台腾出手来加强内政管理，采用了耶律楚材推荐的"儒政治国"方针。

灭金后，蒙古政权统治下的人口剧增，为了便于管理，窝阔台决定编籍户口。窝阔台汗六年（1234）下令括户①，指派大断事

---

① 通过检查户口，将隐漏不报和逃亡人口搜括出来，遣送还乡或就地入籍。

官失吉忽秃忽为中州断事官。窝阔台汗七年（1235），窝阔台又分遣官员赴汉地各路括户。窝阔台汗八年（1236）六月括户完成，共计 110 万户。

失吉忽秃忽以蒙古汗国政府长官的身份管理中原汉地，统辖中原各地的户口、赋税、刑法诸事，以燕京为治所，称之为“燕京行尚书省”。窝阔台汗十三年（1241），窝阔台改派牙老瓦赤主理汉民公事，出任中州断事官，即燕京行省长官。

在耶律楚材的建议下，窝阔台汗七年（1235），窝阔台在燕京设置编修所、在平阳设置经籍所，任儒生梁陟为主管，负责编辑经史。窝阔台汗九年（1237），窝阔台又采纳耶律楚材的提议，以“经义、辞赋、政论”三科考试各路儒生，包括被俘为奴的儒生也获得释放，可参加应试。中选者得入儒籍，并选充籍贯议事官。

随后，根据蒙古的分封制度，将征服所得的大部分中原民户按地区分配给诸王、贵戚和勋臣们。除成吉思汗诸子得到封地外，成吉思汗的诸弟、诸公主及木华黎以下诸功臣也都分配到了多少不等的各地民户。此次分民共计 76 万多户，当时称为“投下”，未被分配的民户则统一归属蒙古国家所有。

分民、分地完成之后，窝阔台委任耶律楚材主持制定了新税法，任命官吏征收租税。一般民户纳税粮；“投下民户”则纳科差，即每 2 户出丝 1 斤上交给政府，每 5 户出丝 1 斤交纳给封地主人。此外，中原各地还需上缴商、盐等课税。

为了加强汗权统治，窝阔台汗六年（1234），窝阔台再一次颁布《大札撒》新条例，其中包括："凡当会不赴而私宴者斩""诸公事非当言而言者，拳其耳；再犯，笞；三犯，杖；四犯，论死"。

窝阔台汗七年（1235），窝阔台决定效仿历代中原王朝的政治体制，在鄂尔浑河上游东岸、他的帐幕所在地和林（今蒙古国后杭爱省额尔德尼昭北）兴建蒙古国的都城。全城设东、西、南、北 4 个城门，城内设有 2 个商业区、12 座佛教寺庙、2 座清真寺、1 座基督教教堂。都城的正中建有一座雄伟高大的宫殿，称为"行宫"，是汗王的御位所在地，同时令宗王贵族们在京城外围营建邸舍。

此外，窝阔台还兴建了四季行宫，在和林北部建造了迦坚茶寒殿，作为春季驻地；在月儿灭怯土建造了夏季驻地，即大金帐所在地；在翁金河建立了大围猎场，作为冬季驻地；在曲薛兀儿湖附近建造了秋季驻地。

正当蒙古贵族们志得意满、忙于分享胜利成果之时，偏居江南的南宋也振奋精神，采取攻城略地行动，由此激怒了蒙古国的虎狼之师。

有生必有灭，无庵无可说。

踢倒玉昆仑，夜半红日出。

——〔南宋〕孟珙《自颂》

蒙宋开战

金朝的灭亡，让宋朝报了灭国大仇，雪了靖康之耻，举国上下为之欢庆。宋朝君臣被金朝压迫得太久了，一朝得解放，君臣们的自我意识也骤然膨胀起来，甚至以为金朝是自己灭掉的。得意之余，南宋淮东制置使赵葵献计：乘蒙古撤军之机，出兵收复中原。此计正中宋理宗的下怀。

南宋端平元年、窝阔台汗六年（1234）六月，宋朝廷令淮西制置使全子才率军万人从庐州（今安徽合肥）出兵直取开封，再令赵葵率领宋军主力 5 万人从泗州（今江苏盱眙西北）渡过淮河北上奔赴开封，与全子才会师。

这时，替蒙古国留守开封城的原金朝降将李伯渊阵前倒戈杀死主帅崔立，接应宋兵，全子才顺利占领了开封。随后，赵葵率领宋军主力也赶到了开封。但是，赵葵不顾部队粮草未集，就命令徐敏子为监军率一支宋军进攻洛阳，再命令杨义率一支宋军作为后援，各给 5 日口粮。面对宋朝大军的来袭，守在洛阳的蒙古军避其锋芒、主动撤退。七月间，两万人的南宋先遣部队顺利进入洛阳空城。此事发生在南宋端平年间，史称“端平入洛”。

然而，撤离的蒙古军并没走远，而是在洛阳城外设下了埋伏。随后到来的杨义宋军，在洛阳城东30里处陷入蒙古军的包围圈，遭到突袭，溃不成军，杨义仅以身免。

八月，进入洛阳城的宋军粮草告竭，而蒙古军则继续在城外围困，宋军冒死突围南撤，又被蒙军追击，结果宋军惨败。接着，蒙古军又决黄河堤坝，水淹宋军。宋军一路向南溃退。赵葵、全子才得知入洛失败后，以粮草未集为由，放弃应援洛阳的宋军，从开封退兵。这次军事进攻很快以宋军的溃败而结束。

南宋对蒙开战损兵折将、无功而返，却激怒了蒙古帝国，也给了蒙古入侵南宋的理由。

窝阔台汗七年（1235），窝阔台在答阑答八思召集忽里勒台，宣称：“先可汗成吉思汗创业垂四十年，今河西、女真、高丽、回鹘诸国皆已臣服，唯宋人尚负隅败盟。”由此拉开蒙宋战争序幕。

六月，蒙古兵分三路讨伐南宋。西路军由阔端率领，进攻四川；中路军由窝阔台第三子阔出率领，进攻汉水及长江流域：东路军由宗王口温不花率领，进攻江淮地区。

战争一打响，西路蒙军迅速出凤州（今陕西凤县东）取沔州（今陕西勉县），但是，在蜀北咽喉青野原（今甘肃徽县南）被宋将曹友闻击退。窝阔台汗八年（1236），蒙军调集50万兵力，再次大举进攻四川。九月，蒙军攻破阳平关（今汉中西南），随后转攻大安（今陕西宁强县唐渡乡一带），又遇宋将曹友闻大军的强势抵抗。经过数日激烈血战，曹友闻与胞弟曹友万皆战死，宋军全军覆没。随后，蒙古军长驱入蜀，一月之间，连续占领成都、利州（今四川广元）、潼川（今四川三台）三路的绝大部分州郡。当年冬，蒙古军主力撤出四川，部分进抵长江北岸后退兵。

大敌当前，南宋的唐州守将之间却矛盾重重。唐州统制军马郭胜杀唐州守臣杨优，发动叛乱，向蒙古军求援。中路蒙军见机会难得，于窝阔台汗七年（1235）七月初进兵唐州，开始大规模入侵襄汉地区。襄阳是南宋的军事重镇，自岳飞收复以来经营了130年，此时被抢掠一空。不久，随州、郢州等地相继沦陷。南宋的京西南路一府八州军，除金州（今陕西安康）外，全部丧失。

窝阔台汗八年（1236），南宋的襄阳守将李伯渊投降，蒙古军占领襄阳。此后，江陵以北均州（今湖北丹江口）、房州等都皆为蒙古军攻占。不久，蒙古主将阔出病死，襄阳又被宋军收复。

东路蒙古军于窝阔台汗七年（1235）六月南侵江淮。到十一月，蒙古军接连攻陷淮西的光州（今河南潢川）、鄞州（今湖北蕲春南）、舒州（今安徽潜山）。进攻真州（今江苏仪征）时，被南宋的知州邱岳置炮设伏击败，收兵北还。

这时，蒙古主力被调去第二次西征，加之宋军的有力抵抗，到窝阔台汗十年（1238），宋蒙战争缓和下来。

宋理宗见战事有所缓和，便派遣“蒙古通好使”去向蒙古军求和。窝阔台汗十一年（1239），蒙古使臣入临安，向宋朝提出贡纳岁币银 20 万两、绢 20 万匹的议和条件。宋朝臣们对此意见不一，宋理宗也犹豫不决。

三月，蒙古主力军撤离。宋军经过一番积极防御部署后，在对蒙战事上占据了主动。窝阔台汗十三年（1241）年底，蒙古大汗窝阔台去世，新一任的汗位又处于真空状态，蒙古无暇南侵宋朝，蒙宋战事暂时告一段落。

日入空山海气侵，秋光千里自登临。

十年天地干戈老，四海苍生吊哭深。

水涌神山来白鸟，云浮仙阙见黄金。

此中何处无人世，只恐难酬烈士心。

——〔明〕顾炎武《海上（四首）》

长子西征

窝阔台汗七年（1235），窝阔台在和林召开忽里勒台，决定出兵征讨里海以北未臣服的诸国，以完成其父未竟之西征大业。按照察合台的提议，窝阔台诏命各支宗室均以长子统率出征军，万户、千户及以下各级那颜也派长子率军从征。诸王以术赤的次子拔都为统帅，以老将速不台为副将，统领 15 万大军西征，史称“长子西征”。

参加西征的有术赤的儿子拔都、斡儿答和唐兀惕，察合台的儿子拜答儿、孙子不里，窝阔台的儿子贵由、合丹，拖雷的儿子蒙哥、拨绰以及成吉思汗的庶子阔列坚，等等。

在窝阔台即位之初，花剌子模国河中地区又发生了花剌子模国太子札兰丁的复辟活动。当时，札兰丁躲过了成吉思汗的追杀，在印度重新组建军队，图谋复兴。此后，札兰丁占领了阿塞拜疆首府，又进兵格鲁吉亚。为此，窝阔台即位后曾派大将绰儿马罕率领三军队开赴波斯，征讨札兰丁。

窝阔台汗二年（1230），绰儿马罕率军抵达阿塞拜疆，札兰丁闻讯逃走，后被农夫所杀。此后，这支蒙古军进入伊拉克，转战高加索山南地区，进攻阿美尼亚和小亚细亚等地。

为了继续向西扩张，窝阔台在即位的第 6 年，曾派拔都出征钦察、阿速和斡罗斯等地。

忽里勒台大会之后，窝阔台汗八年（1236）秋，大批蒙古军队在速不台的率领下越过伏尔加河，向北进入不里阿耳，与拔都会师，随即攻陷不里阿耳城[①]，迫使其首领降服。蒙哥进军伏尔加河下游的钦察部，于窝阔台汗九年（1237）春，消灭钦察。

同年秋，拔都统领蒙古大军进攻斡罗斯，首先占领了莫尔多瓦人的国家，接着逼近里亚占公国。十二月，蒙古军包围了梁赞城（今莫斯科东南亚赞州里亚赞城）。守军坚守 6 天后，城市陷落。不久，成吉思汗的第五子阔列坚在攻占科洛姆纳时阵亡。

窝阔台汗十年（1238）年初，蒙古大军继续分兵四路从里亚占攻城略地，连破莫斯科、罗思托夫、苏兹达尔等 10 余城，二月会合，围攻弗拉基米尔公国。弗拉基米尔大公出城寻求援兵，留下其子守城。在蒙古军猛烈的攻击下，5 天后城陷。

---

① 不里阿耳城，位于今伏尔加河与卡玛河汇流点南、今喀山南 115 千米处，其废址在今伏尔加河上的保加尔——乌斯宾斯克耶村附近。

三月，拔都统率的蒙古军向基辅罗斯的古都诺夫格罗德进发。但是，因多为沼泽地，无法行军，转而向南挺进，沿途攻占了斯摩棱斯克切尔尼科夫公国。

窝阔台汗十一年（1239）夏，拔都统领的蒙古军在钦察草原休养兵马。秋季，蒙哥、贵由统兵进入高加索山北麓的阿速国，国主杭忽思投降，蒙古军随后攻入斡罗斯南境，同时遣使至基辅罗斯劝降，使臣被杀。窝阔台汗十二年（1240），蒙哥、贵由奉窝阔台诏命东归，留下杭忽思继续镇守阿速国，将阿速国主的儿子阿塔赤及其统领的阿速军带回蒙古。

蒙哥、贵由离开时，拔都大军也到达基辅。拔都亲统大军围困基辅。基辅军民进行了顽强的抵抗，最终还是城破。随后，蒙古军继续西进，相继占领了加里奇、布列斯特等公国。至此，蒙古军已经占领了斡罗斯的全部领土，并集结军马于加利西亚境内，休整后准备进攻波兰和匈牙利。

窝阔台汗十三年（1241），蒙古军兵分两路入侵欧洲腹地，一路由拔都、速不台率领12万大军进攻匈牙利；一路由拜答儿、兀良哈台率领3万部队进攻波兰，以此截断匈牙利的外援。

当时的波兰有五个公国，却各自为政、互不支持，让拜答儿部得以顺利渡过了维思秃剌河。一个月后，蒙古军在里格尼茨（今波兰西部）大败波兰军、捏迷思（今德国）联军3万人，乘胜南进。五月，蒙古军攻下摩拉维亚，到达波希米亚、奥地利边境的奥勒穆茨城。波希米亚国王派将军雅洛思老率兵5000人援助摩拉维亚，坚守奥勒穆茨城。蒙古军久攻不克，退回摩拉维亚，继而南下与拔都军会合。

此后，拔都、速不台所率蒙古军又兵分三路，突袭了匈牙利在喀尔巴阡山中要塞，并顺利进入匈牙利。四月，匈牙利国王别勒四世率 6 万大军从佩斯出发，迎战蒙古军。蒙古军采用诱敌深入的战术，击败了这支匈牙利大军，别勒四世逃往奥地利，随后又逃到了亚的里亚海的一个岛上，蒙古军顺势拿下佩斯城，驻军多瑙河东休养度夏。休养兵马期间，蒙古军分兵四处掠夺。

十二月，蒙古军主力攻陷匈牙利故都格兰城。

与此同时，拜答儿率领的蒙古军从摩拉维亚出发，劫掠了匈牙利统治下的斯洛伐克，一直打到西斯洛伐克。窝阔台汗十三年（1241）十二月，与拔都会合。

次年四月，窝阔台的死讯传到西征前线，拔都率军东还。历时 7 年之久的长子西征就此结束。

蒙古军的远征，在欧洲大地引起一片惊慌。蒙古骑兵纵横驰骋东欧，没有遭遇激烈的抵抗。在那段时间里，连偏居海岛的英国人也不敢出海，中断了与欧洲大陆的贸易活动。此次西征收获最大的是拔都，远征结束后，拔都在伏尔加河下游建立了自己的兀鲁思，兴建了国都萨莱城（今伏尔加河下游阿斯特拉罕附近），一时威震西方。版图西至多瑙河下游，东到今额尔齐斯河，南达高加索，北到今俄罗斯保加尔地区。斡罗斯诸公国自此在蒙古统治下度过了两个世纪之久。因为拔都的兀鲁思以原钦察部领地为中心，故而也被称为“钦察汗国”，又称“金帐国”（1219—1502）。

晨鸡初叫，昏鸦争噪，那个不去红尘闹？路迢遥，水迢迢，功名尽在长安道。今日少年明日老。山，依旧好；人，憔悴了。

——〔元〕陈草庵《中吕·山坡羊》

六皇后摄政

1241 年冬，窝阔台在汪吉河附近冬猎后，因饮酒过度而死，时年 56 岁。适逢长子贵由西征在外，无法赶回汗营即位，而大汗的小儿子失烈门年幼，无力承担管理国政的重任。按照蒙古人的习俗，一个家庭的男性家长死后，在他的长子成年之前，由他的妻子代管他的遗产，并享有他的权力。当时，正宫皇后孛剌合真已经故去，这给了充满政治野心的六皇后乃马真·脱列哥那临朝摄掌国政的机会。

乃马真·脱列哥那（1229—?）原是蔑儿乞部首领之妻。蒙古灭蔑儿乞时，被窝阔台收纳。在众多后妃中，脱列哥那的地位本来不高，也不受宠。但是，脱列哥那善于笼络人心，并且拥有自己绝对的优势——儿子众多。窝阔台共有 7 个儿子，其中 5 个儿子——贵由、阔端、阔出、哈剌察儿、合失都是脱列哥那所生，另外 2 个儿子合丹、灭里是妃子业里讫纳所生，其他皇后均无子。诸皇子中，三儿子阔出深受窝阔台喜爱，被窝阔台视为汗位继承人。“母以子为贵”，脱列哥那因诸王子母亲的身份脱颖而出，成为最有权势的皇后。在汗位虚悬时期，蒙古国就由乃马真脱列哥那皇后“称制摄政”。

窝阔台生前曾有意将汗位传给三儿子阔出。遗憾的是，阔出于窝阔台汗八年（1236）战死。于是，窝阔台又决定以阔出的儿子、皇孙失烈门为汗位继承人。但是，脱列哥那摄政后，推翻了窝阔台的这一遗诏，决定改立长子贵由继位，并滥行赏赐以博取宗亲贵族、那颜们的欢心，得以专擅国政长达5年之久。脱列哥那摄政不久，察合台于当年去世，成吉思汗的儿子们都已不在了。窝阔台、察合台的相继去世，使得支撑蒙古帝国的四大核心领域群龙无首，人心惶惶，加之新汗王尚未确立，很容易发生分崩离析的局势。为了稳住自己的地位，脱列哥那慷慨地满足宗亲皇族们的利益诉求，对他们的不法行为采取容忍的态度。但是，对待朝中的异己，脱列哥那痛下狠手，进行大清洗。她摄政后，立即罢免、捕杀过去与自己结下旧怨的大臣。朝中大臣镇海、燕京行省长官牙老瓦赤也都受到了脱列哥那的打击，因窝阔台次子阔端的庇护才免遭劫难。河中地区长官麻速忽因此远走他乡，投奔拔都处寻求庇护。

脱列哥那把中原的事务委任给回回商人奥都剌合蛮管理。奥都剌合蛮上任后，极力排挤耶律楚材。为了聚敛民财，实行西域“扑买”[①] 法。此前，窝阔台汗十年（1238）诸路课额总计为白银

---

① 就是投标竞买，即政府向商人、民户出卖某种特税权或其他权力的制度。

110 万两。奥都剌合蛮上任后，大幅提高税额标的，以白银 220 万两“扑买”中原课税，对中原百姓的剥削骤然间加重了一倍。

同时，脱列哥那十分宠信一位蒙古军从波斯俘获来的回回妇女法蒂玛，不仅让她侍奉左右，还任其干预朝政。作为脱列哥那的心腹，法蒂玛建议由奥都剌合蛮独揽大权，使之在朝中如鱼得水。而耶律楚材的诸多治国方针却处处受阻、无法实施。不久，耶律楚材忧愤而死，年仅 55 岁。对于脱列哥那发布的政令，以及撤换官员的举措，诸王和皇族们并不关心，他们只关心汗位的人选以及如何保全自己的既得利益。

脱列哥那意欲让长子贵由继位，遣使召集各支宗王和将领们来和林举行忽里勒台，推选大汗。但是，术赤的次子拔都，作为金帐汗国的创建者，已是术赤系公认的领袖，在西征时拔都与贵由结下了仇怨，所以反对贵由继位，并托词生病，不来赴会。而失烈门的继承人身份因被脱列哥那剥夺，也成为反对贵由的力量。

不过，由于封地遥远，拔都的反对并不能改变脱列哥那对朝廷局势的控制。对于更多的皇室宗王来说，只要不影响自己的地位，谁当大汗都无所谓。因此，经过一段时间的说服、收买，脱列哥那在皇室内部得到了她想要的支持。

元定宗元年（1246）七月，忽里勒台终于在克鲁伦河边召开，贵由被正式推举为蒙古大汗。拔都依旧抵制，再次称病，拒绝出席贵由的即位典礼，只派长兄斡儿答作为术赤家族的代表去参加了仪式。

贵由即位后，为了笼络人心，大肆赏赐出席忽里勒台的权贵们，包括随从人员也都得到了慷慨的赏赐。贵由即位之初，朝政大权仍然掌握在母亲脱列哥那的手中。为了接掌汗权，贵由决定从母亲的外围下手，设计处死了法蒂玛和奥都剌合蛮，以收回掌握在母后手中的权力。数月后，脱列哥那去世，贵由得以亲政。亲政之后，贵由恢复了镇海、牙老瓦赤的职位。为了约束诸王的行为，收缴脱列哥那滥发给诸王的特权牌印，禁止权贵们贪婪无度地搜括百姓，并且严厉重申：窝阔台之律文不准任意损益增删。

蒙古族作为游牧民族有着极强的征服欲，统治者不断向外扩张蒙古汗国的势力已为传统。但是，与诸汗王有所不同，贵由的武力征服既不是出兵东边的高丽国和南宋以加强蒙古国的影响力，也不是对西方进行征讨树立汗王的威严，而是将矛头指向拔都。

贵由与拔都的矛盾在其即位后越发不可化解。拖雷系与术赤系仍然维系着上代人传下来的友好关系，而贵由的侄儿失烈门则因失去汗位而不满，与贵由离心离德。窝阔台系与察合台系，本来保持着亲密无间的关系，但是，贵由即位后却把关系搞砸了。察合台临终时，遗命自己的孙子哈剌斡忽勒承袭王位。贵由即位后，直接剥夺了哈剌斡忽勒的继承权，自作主张地册封察合台第五子也速蒙哥为宗王，理由是：儿子尚在孙子不能越级继位。贵由希望借此机会打消侄儿失烈门的夺权借口，却不知此举严重削弱了窝阔台系与察合台系的同盟力量。哈剌斡忽勒及其支持者心生怨恨，为了报复贵由转而加入术赤系、拖雷系的同盟，进一步加深了贵由与拔都之间的对抗。情急之下，贵由决定武力征服拔都。

贵由汗二年（1247），贵由任命野里知吉带为征西军统帅，命诸王各自抽调所属军队五分之一参加远征，授权野里知吉带统辖阿姆河以西的台迷、谷儿只、阿勒额等地，临事可以独断。自蒙古国建立以来，大将之中，只有木华黎曾得到这种特权。贵由如此异常授权，透露出焦躁急切之心。此时，拔都的势力已经扩展到了高加索地区，贵由同样将这一地区划归给野里知吉带管辖。

贵由汗二年（1247）秋天，贵由离开漠北，前往他在叶密立河流域的分封地巡视，实际是做军事行动前的考察。

贵由汗三年（1248）年初，贵由借口叶密立适合养病，率领护卫军，浩浩荡荡地向西进发，真实目的是去攻打拔都。

拖雷的妻子唆鲁禾帖尼识破了贵由的意图，暗中遣使密告拔都，要他做好迎战准备。拔都得到消息后，起兵东进迎击贵由。

三月，贵由刚刚抵达横相乙儿之地（今新疆乌伦古河上游河曲处）突然死去。当时，拔都距离贵由死地只有 10 天左右的路程。据说，贵由可能是被拔都或唆鲁禾帖尼派遣的刺客杀死或毒死。还有一种说法是，贵由是在与拔都的弟弟司提堪酒后斗殴中被打死的。

不管怎么说，贵由死了，一场紧锣密鼓的战争也随之烟消云散。贵由的正皇后斡兀立·海迷失回到了叶密立的斡耳朵，在拔都应允下临时摄政。不过，拔都要求海迷失继续留用贵由执政时期的大臣和官员们，以此抑制海迷失皇后的权力。

接下来，蒙古统治集团内部为了争夺汗位，又展开了激烈而残酷的斗争。蒙古“黄金家族”的内部矛盾趋向公开化。

银甲弹冰五十弦，海门风急雁行偏。

故人情怨知多少，扬子江头月满船。

——〔元〕萨都剌《赠弹筝者》

蒙哥登基

海迷失皇后很喜欢争权夺势，却没有政治才能。摄政后，她只知道利用西域商人经商获利，千方百计地搜刮财物。又因沉迷于巫术，整日与萨满巫师在密室里驱神弄鬼，无心他事。蒙古诸王则乘机各自为政，擅自签发文书，颁降令旨，导致朝廷政治极度混乱。海迷失的两个儿子忽察和脑忽不满意母亲的庸碌无为，也另建府邸各自为政，公开与其母对抗，导致形成一国三主、政出多门的混乱格局。

右丞相镇海试图劝告海迷失，却无人在意他的意见，朝廷重臣已经失去了应有的权威，蒙古汗国陷入混乱的无政府状态。同时又遭遇天灾大旱，草原上水泉尽涸，野草自焚，牛马羊群大量死亡，民不聊生。

面对此种局面，拔都以成吉思汗家族宗亲长者的身份，召集诸王到阿剌豁马黑（今新疆博尔塔拉蒙古族自治州）召开“忽里勒台”，商议推举新的蒙古可汗。

但是，以往的隔阂与矛盾使窝阔台、察合台的子孙们采取了不合作的态度，不肯前往。忽察、脑忽兄弟虽然带领大臣帖木儿、八剌等人在会前到达了拔都的营地，但没有等到大会正式举行，就返回了和林，只留下帖木儿、八剌等人作为代表。蒙古帝国称制摄政的海迷失皇后、失烈门和窝阔台的后妃们也只派了代表参加。与窝阔台、察合台系诸王贵族的消极态度相反，唆鲁禾帖尼积极响应拔都的号召，命长子蒙哥率诸弟及家臣赴会。海迷失后元年（1249）四月，蒙哥及诸弟忽必烈、阿里不哥、岁哥都、末哥，东道诸王合萨儿的儿子也孙格、帖木格的孙子塔察儿，帖木格的孙子帖木迭儿、别勒古台的儿子也速不花，术赤系诸王以及察合台的孙子哈剌斡忽勒等，那颜兀良哈台、速你带、忙哥撒儿、额勒只吉歹，海迷失后的代表畏兀儿台、巴剌、斡罗纳儿台相继到达。随后，宗亲王及那颜们就汗位继承问题进行了协商。会上，拔都提议：推举41岁的蒙哥为大汗。

当时，在蒙古汗国诸王中有资格、有能力争夺大汗之位的首推拔都。但是，拔都对蒙古汗王的宝座没有兴趣。他建立的“钦察汗国”，国土辽阔，国事繁忙，他此时只想推举一个能够保护自己在汗国利益的蒙古嗣君，而蒙哥正是这个合适的人选。

首先，拔都与拖雷家族一直保持着亲密关系。拖雷的王妃唆鲁禾帖尼自从继承了拖雷的封地后，建立了严格的制度和核算措施，对各项事务及军队严格管理，不仅维系了本家族的团结，也赢得了各位宗王的好感，为蒙哥的继位奠定了必要的基础。另外，拔都的母亲与唆鲁禾帖尼是亲姐妹。一直以来，唆鲁禾帖尼不断表现出对外甥拔都的关切，特别是她在危急关头向拔都密报了贵由的西征之举，令拔都心存感激。

在拔都眼里，表弟蒙哥具有一个汗王所必需的禀赋和才能。从军事实力看，当时蒙古汗国军队的主体部分仍然掌握在拖雷一系手中。成吉思汗死后，麾下军队都留给了拖雷，在12.9万人的蒙古军精锐部队中，拖雷系占11.1万人。当时蒙哥41岁，年富力强、才智出众，曾协助其父王拖雷在三峰山消灭金军主力，战功卓著，在“长子西征”中取得过活捉钦察部首领八赤蛮的战绩，赢得了窝阔台系和其他宗王们充分的尊重。

然而，拔都的提议遭到了窝阔台、察合台系以及海迷失和其他后妃代表的反对。只是，窝阔台、察合台系和海迷失等人也没能提出一个能与蒙哥一决高下的人选。海迷失的两个儿子忽察和脑忽，才智平庸，又没有足以服众的战功，海迷失自己都对这两个儿子没信心。但是，为了不让汗位旁落到拖雷一系，窝阔台系的代表提出，不能违背窝阔台可汗的遗命，应该遵照窝阔台的意愿，推举失烈门继位。对此，拖雷的次子忽必烈站出来予以反驳：违背窝阔台可汗遗命的人不是在场的诸位，而是已故皇后脱列哥那，如果当年遵从窝阔台汗遗命，又何来的贵由称汗？

最后，大会强行通过拔都的提议，大家宣誓效忠，共立蒙哥为大汗，并定于第二年在蒙古本土召开忽里勒台，正式选举蒙哥为蒙古汗国的大汗。窝阔台、察合台系的代表坚决反对，并以选汗大会应在成吉思汗大帐举行为理由，不承认这次推举的合法性。为了提防蒙哥遭遇谋害，拔都派大军护送蒙哥返回蒙古都城和林。随后，为了推动蒙哥早日即位，拔都再次邀请诸王前来斡难河参加忽里勒台，但是遭到察合台、窝阔台部诸王的抵制，以至于全体宗王参加的“忽里勒台”又拖延了一年之久。

这期间，唆鲁禾帖尼为了蒙哥继位努力做工作，向诸王派遣使者，分送礼物，以换取更多宗王的支持。还遣使到海迷失、忽察、脑忽和察合台的儿子也速蒙哥等处做工作，希望他们共同拥立蒙哥，与诸王一起同心协力、共商国是，并邀请他们参加忽里勒台。对此，脑忽、也速蒙哥等人表面上不反对，等到忽里勒台举行之时，却迟迟不到场。

1251 年，忽里勒台在蒙古本土三河源头的阔帖兀阿兰之地召开，拔都因病未能到会，委托其弟别儿哥主持会议。参加会议的有术赤系、拖雷系诸王、东道诸王，以及一部分察合台系和窝阔台的六子合丹、七子灭里、孙子蒙哥都（阔端之子）。虽然察合台的儿子也速蒙哥和窝阔台的多数后裔仍然不见踪影，大会照常如期举行。在别儿哥的主持下，诸王和将领们一起举行了蒙哥的即位典礼，蒙哥由此正式取得了蒙古汗国第四任大汗的合法身份。

仪式之后，照例是宴饮会。意外的是窝阔台的三个孙子，失烈门（阔出儿子）、脑忽（贵由儿子）、忽秃黑（哈剌察儿子）在忽里勒台举行之时迟迟不到场，会后却以祝贺为名率众带着载满武器的车辆，用宴饮的食物做伪装，企图在宴席上发动政变。

不料，这支浩浩荡荡的队伍在行进途中，被蒙哥部下的鹰夫克薛杰识破，并报告了蒙哥。蒙哥派弟弟旭烈兀和老将忙哥撒儿领兵出迎，查明真相后，逮捕了三王及其部将。

庆典结束后，蒙哥任命忙哥撒儿为蒙古汗国大断事官，严厉惩罚了发动政变的堂兄弟们。忙哥撒儿拷问了参与谋逆的大臣，处置了所有参与者，分别禁锢和贬谪了宗王失烈门、不里、忽察、脑忽、也孙脱等人。前摄政皇后海迷失被剥去衣服受审后，被缝入一个大口袋投入水中淹死。失烈门的母亲合答失赤、丞相镇海、大臣合答曲怜、按只吉歹以及三王的亲信 77 人，也因参与这场夺权阴谋而被处死。

随后，窝阔台汗国被分割成六个小王国，分别由合丹、灭里、脱脱（哈剌察儿之子）、海都（合失之子）等人治理，窝阔台家族从此丧失了威胁汗位的能力。不久，蒙哥下令处死了察合台汗国可汗也速蒙哥，由合剌旭烈兀接任察合台汗国可汗。

汗位争夺战，让窝阔台和察合台系备受打击，蒙哥与拔都的力量则得到了增强。蒙哥即位后，蒙古汗国主要掌控在拖雷系和术赤系诸王的手中。1254 年，法国国王路易九世的使臣威廉·鲁卜鲁克经驻牧伏尔加河下游的金帐汗拔都的协助，穿越欧亚草原来到蒙古高原，觐见了蒙哥，那时他看到，蒙哥和拔都的势力分界于塔剌思河和吹河（今中亚楚河）之间的平原。至此，“黄金家族”的内部斗争得以平息，蒙哥通过对异己势力的严厉镇压，巩固了权位，开始着手处理国事。

大星芒鬣张，小星光华开。皇天示兵象，胜地今蒿莱。河岳气不分，烛龙安在哉……于时负肝胆，慷慨思雄材。

——〔元〕王逢《秋夜叹》

蒙哥时代

蒙哥是个勤政的汗王，不乐燕饮，不好侈靡，凡有诏旨，必亲自起草。即位时，蒙哥面临的是群臣擅权，政出多门的乱政局面。为此，蒙哥决心革除前朝弊政，整顿朝纲。首先，蒙哥进行了人事任命，提拔原藩邸断事官长忙哥撒儿为蒙古汗国的大断事官，负责管理中央政府的日常事务，并督管诸王封地；任命孛鲁合为“大必阇赤”，即仅次于大断事官的辅相之臣，负责发号施令、朝觐贡献、书记、内外闻奏，以及赋税征收、官职授予等诸事。

接着，着手进行机构人事改革，蒙哥保留了窝阔台时期设立的地区行政机构旧制，在新征服地区设置了燕京、别失八里（今新疆吉木萨尔）、阿姆河[①]（今中亚地区）三个“行尚书省”。挑

① 蒙军征服花剌子模各城后，虽然留驻木干草原，却将管理治权交给了降附的当地诸侯王。蒙哥即位后，加强了对波斯的治理，从此，花剌子模等地成为蒙古帝国的一个行省。

选政治可靠、经验丰富、能力卓著的行省长官，以加强中央对各地的有效统治。以牙老瓦赤、布智儿、斡鲁不等出任“燕京等处行尚书省事”，管理中原汉地；以讷怀、塔剌海、麻速忽等出任“别失八里等处行尚书省事”，管理畏吾儿地至河中地区；以阿儿浑为“阿姆河等处行尚书省事”，管理阿姆河以西波斯诸州。各行政机构同样设有大断事官及掌管文书的必阇赤等官司职。

但是，金帐汗国的藩属国斡罗斯诸公国未被包括在三大行政区范围内。因为拔都的关系，金帐汗国基本上是一个独立汗国。只是在名义上仍是蒙古汗国的属地；蒙哥汗三年（1253），蒙哥派遣书记官别儿哥到斡罗斯调查户口。拔都死后，蒙哥汗七年（1257），蒙哥派遣驸马剌真之子乞解为金帐汗国的“达鲁花赤”，镇守斡罗斯。

接着，蒙哥整顿法度，克服蒙古汗国政治败坏的现象。窝阔台末年以来，特别是贵由死后，成吉思汗的《大札撒》几乎被废弃，诸王随意滥发敕令，宗王们随意征收赋税，导致政出多门、财务混乱。对此，蒙哥下诏：凡前朝及诸王滥发的牌印、诏旨、宣命，一律收回；各宗王需在自己封地内追查已发出的玺书和版符；未经请示朝廷，诸王不得颁发涉及各地方事务的令旨，不得擅招民户；凡朝廷颁发的诏书，须经大汗过目。

在回收宗王特权的同时，蒙哥还禁止把牌符发给外国商人。规定：各级那颜不得经商营利、营私舞弊；不准行贿受贿和放债。因为贵由时期，汗王、诸王及其臣族与各国商人往来中不仅欠下巨额债务，还向商人们发放许多特权牌符。仅贵由就欠下 50 万两白银的债务。凭借牌符特权，商人们不交税，还肆意哄抬物价，随意骑用官府的驿马来往于各地。

为了保障帝国的驿传运转，加强驿站系统的管理，规定商人不准擅自骑用驿马，蒙古帝国的诸王、官员、宗教显贵也不得利用驿站系统为个人需要服务，只有官方授权的公务人员才有权力使用。

蒙哥汗二年（1252），蒙哥建立了户口登记制度，下令对蒙古国的所有领域进行人口普查，以便了解蒙古国的财富和兵力状况，为投入新的战争做好准备。调查中，牲畜、果园、铁盐等物资都与人口并列记入清单。在调查范围和严密程度上，蒙哥的统治清单都超越了以往，全国户数比窝阔台时增加了 20 余万户。蒙哥还对估税和征税制定了统一、固定的体系，命令收税人和文牍吏不得徇私偏袒，不得收受贿赂，以减少社会矛盾。

在人口普查的同时，蒙哥还下令重新“括户”，对宗亲、贵族进行了分土分民的封赏。蒙哥对弟弟忽必烈格外优待，准许弟弟在河南或关中地区自择一地作为封地。忽必烈的谋臣姚枢认为，关中土地肥沃，是兴王之地，建议选择关中。于是，忽必烈挑选关中为封地，并指派姚枢为“劝农使”，前往关中地区组织屯田、恢复生产，又以许衡为“京兆提学”，教化民众。经过多年的治理，关中地区后来成为蒙古远征大理、南攻四川的军事基地。

蒙哥汗七年（1257），蒙哥再次颁赏括户，将中原各路共计 8 万户封赏给窝阔台系、拖雷系的宗王，其中拖雷系宗王、公主受益最多。

为了保证自己集政权与军权于一身，蒙哥在加强汗权的同时，更加强了对蒙古汗国军队的控制权。在窝阔台父子掌权时，蒙古汗王对绝大部分军队只有征调权而无隶属关系。为了改变这种状况，蒙哥以二弟忽必烈总领漠南，专门负责治理中原，统兵专征南宋；以三弟旭烈兀镇守西域，统兵专征木剌夷、哈里发等国。分别控制帝国的两翼，将蒙古汗国80%左右的军队掌握在拖雷家族手中。这为后来忽必烈的登基上台开辟了道路、扫清了障碍。

萨满教是蒙古人的国教，但是为了更好地统治各民族，确保宗教平等。蒙哥即位后，设置专管萨满教事务的那颜，命阿忽察掌祭祀、医巫、卜筑，阿剌布花辅之。其他宗教，如伊斯兰教、道教、佛教、基督教都享有同等地位，各民族有权信仰自己的宗教。但是，决不允许宗教干预帝国政务，国教萨满教也不例外。在蒙古国都和林，各宗教派别都可自由活动。

自成吉思汗起，蒙古统治者们对各种宗教采取了兼容并蓄、通盘保护的政策。但是，各宗教势力却为了争宠而互相争斗、彼此攻讦。其中，以佛教与道教之争尤为激烈。成吉思汗时期，全真教首领丘处机受到优遇，道教日盛，诋毁佛教的事常常发生，使得佛道两家争吵不休。蒙哥汗五年（1255）起，蒙古帝国开始举行“释道辩论”大会。辩论时，蒙哥会到场聆听。在几次辩论中，佛家略占上风。蒙哥汗八年（1258）春夏之交，蒙哥又委派忽必烈召集第四次辩论大会。这次辩论可谓佛道两家的大决战，除汉地儒生、道士、佛教僧人外，还有吐蕃、河西、大理等地僧人参加。双方约定："道胜，则僧冠首而为道；僧胜，则道削发而为僧。"结果，在这次辩论中，佛教代表——年轻的藏族僧人八思巴（1235—1280）脱颖而出，以广博的知识、雄辩的口才战胜了道教，道士 17 人依约削发为僧。这场辩论对后来的忽必烈崇佛产生了重大的影响。

经蒙哥的努力，蒙古政权恢复了正常统治秩序。接下来，这位蒙古可汗承继传统，带着帝国梦想四方征伐，为蒙古汗国攫取了更加广阔的疆域。

北风动地起，天际浮云多。

登高一长啸，六龙忽蹉跎。

我欲横江斗蛟鼍，万弩迸射阳侯波。

——〔金〕元好问《并州少年行》

旭烈兀西征

蒙哥汗二年（1252），蒙古汗国发动了第三次西征。

自从花剌子模被消灭后，阿姆河以西至叙利亚边境大部分地区都纳入蒙古统治之下，唯有木剌夷国（今伊朗）和报达（今巴格达）尚未被征服。所以，蒙古军此次的征伐目标就是波斯地区尚未臣服的木剌夷和报达。

蒙哥命弟弟旭烈兀（1217—1265）为统帅，怯的不花为先锋官，调集各宗王所属的五分之一兵力。为了保证投石机弩、火器等武器的使用和供给，又从汉地征发炮手、工匠，由郭侃率领随军出征。

蒙哥汗二年（1252）七月，先锋官怯的不花率 1.2 万人的先遣部队出发。次年十月，旭烈兀带领主力军从蒙古出发，沿天山北麓，经阿力麻里（今新疆伊犁霍城县境内），直指木剌夷。

木剌夷是伊斯兰教亦思马因派的一个特殊宗教区。木剌夷人以里海南岸山区的阿剌模忒堡为中心，在里海以南的祃拶答而（今伊朗马赞德兰省）、库希斯坦（今阿富汗西北部和伊朗东北部）等山区占据众多堡垒要塞，形成一个独特的宗教国家。

蒙哥汗三年（1253）三月，怯的不花的先遣部队渡过阿姆河，进入木剌夷境内，进攻库希斯坦地区，占领其大部分地区。由于木剌夷境内地形复杂，许多城堡建在半山腰，周围凿岩为壕，易守难攻。蒙古军包围木剌夷的重要据点之一吉儿都怯堡后，最终用了两年的时间才将其攻克。

旭烈兀大军踏上征途后，蒙哥汗五年（1255）九月，抵达撒马尔干，驻营于迦尼—吉里草原，休整40天后继续前行。经碣石到达阿姆河北岸，波斯行省长官阿儿浑前来迎接，接着向伊朗各地统治者发出诏敕，要求提供军队、武器和食品，协同蒙古军消灭木剌夷。伊拉克、呼罗珊、阿塞拜疆、阿儿兰（今阿塞拜疆北部）、设里汪（今里海西岸拉河北部地区）和格鲁吉亚等各地长官纷纷前来晋见旭烈兀。

蒙哥汗六年（1256），旭烈兀大军渡过阿姆河。六月，旭烈兀经过蒙古首次西征时征服的城市途思（马什哈德北），到达你沙不儿（今伊朗东北部呼罗珊省内沙布尔）附近，一面集结军队，一面遣使要求木剌夷首领鲁克纳丁投降。鲁克纳丁见蒙古大军压境，派其弟沙韵沙采前往洽降，以拖延时间，等待冬季严寒之际迫使蒙古军撤回。

旭烈兀不受鲁克纳丁之弟请降，要求鲁克纳丁自毁堡垒、亲自来降。十一月，已经进入木剌夷境内的蒙古军，迟迟不见鲁克纳丁来降。于是，兵分三路，围攻鲁克纳丁据守的麦门底司堡。布喀帖木儿统领左翼军，怯的不花统率右翼军，旭兀烈自领中军，杀向麦门底司堡。在蒙古军架炮狂轰的攻势下，鲁克纳丁被迫出降，蒙古军夷平了城堡。接着，旭烈儿命令忽儿沙遣使谕降忽希思丹境内50余座堡垒的堡主，自毁城堡90余座。至此，木剌夷的百余座城堡全被毁掉。鲁克纳丁投降后，亦思马因教派的教徒大都被屠杀，只有少数幸存者潜出城外，流散于各国。蒙哥汗七年（1257）年初，木剌夷既定，鲁克纳丁请求朝见蒙哥。行至和林时，蒙哥拒绝接见，鲁克纳丁在返回波斯的途中，被押送的士兵杀死。

征服木剌夷之后，旭兀烈从哥疾宁（今阿富汗喀布尔西南的加兹尼）移师进驻哈马丹（伊朗西部），准备进攻报达。镇戍波斯西部的拜住那颜，也从阿塞拜疆赶来阵前听命。当时，报达国的国主谟斯塔辛是阿拉伯帝国阿拔斯朝第37代哈里发。阿拔斯王朝建于公元750年，因阿拔斯王朝尚黑色（有一说因其衣尚黑色），故中国史书称该王朝为“黑衣大食”。又因建都报达（今伊拉克的巴格达），亦称“报达国”。报达城不仅是“黑衣大食”的首都，也是整个伊斯兰教世界的教城。该城位于底格里斯河与幼发拉底河之间，地处东西方的交通要道，是一座繁荣的商业城市。但是，谟斯塔辛统治时期，阿拔斯王朝已经衰落，而谟斯塔辛又庸懦无能，专事游乐，国事皆由臣下主持，导致统治集团内部纷争不断，国势垂暮。

蒙哥汗七年（1257）九月，旭烈兀遣使到达报达，劝告哈里发效仿木剌夷毁城出降。哈里发回书说：“如欲进攻报达，只败无胜。”于是，旭烈兀决定动武。十一月，蒙古军三路并进：拜住军为右翼，从毛夕里（今伊拉克摩苏尔）向底格里斯河推进，自报达西北进攻，在指定的时间到达报达城西；术赤的孙子不勒合、秃塔儿、忽都孙等宗王与怯的不花率左翼军，从报达东南罗耳方向进攻，与拜住军会合；旭烈兀自统中军从凯尔漫沙杭、火勒完一带发起进攻。

旭烈兀到达额塞德城后，遣使谕降。哈里发则以蒙古退兵为条件才肯来见旭烈兀。蒙哥汗八年（1258）年初，蒙古右路军、左路军完成合围，向报达城发起攻击。哈里发的军队出城迎战，双方激战，不分胜负。于是，蒙军夜决河堤，淹没了哈里发军后方的草原。哈里发军未曾防范，瞬间半身淹入水中，最终1万多人被杀。

二月，蒙古军两路会师，占领报达东、西城墙，并在河上架桥，在船上安放石炮，狙击企图乘船出逃的敌军。哈里发见状，只得率其三个儿子及教长、法官、贵人等出城投降。

旭烈兀向城里人发布命令：城中军民立即弃械出城，可以免死。居民闻命，蜂拥而出，但尽遭蒙古军杀戮。蒙古军入城后，杀掠纵火，抄没了哈里发的全部财产，把“黑衣大食”500年来积藏的金银珍宝全部运走。接着，将哈里发谟斯塔辛及其家族全部处死。至此，“黑衣大食”灭亡。

报达的陷落，使叙利亚举国震惊。叙利亚国王纳昔儿派王子与国相到旭烈兀行营请求臣服。旭烈兀不满意其臣服条件，将使者遣回，要求纳昔儿纳土归降，并决意消灭该国。

蒙哥汁九年（1259）九月，蒙古军继续西进。旭烈兀兵分三路，进军叙利亚：旭烈兀命怯的不花为先锋，拜住统右翼，速浑察统左翼，旭烈兀自统中军，从阿剌塔克出发，进攻叙利亚。蒙古军先后攻占美索不达米亚北部诸城，渡过幼发拉底河，进攻叙利亚的阿勒波城。

1260年年初，蒙古军攻陷阿勒波城，并乘势快速南下，进攻叙利亚国都大马士革。纳昔儿在额弗剌特河流域部署五六万军队防守，结营于大马士革城北不远的伯儿哲，但是，阿勒波城失守的消息传来后，纳昔儿弃大马士革逃往密昔儿（今埃及）。

三月，怯的不花率军进驻大马士革城，遭到退守内城的军民抵抗。直到四月，蒙古军才占领全城。这时，蒙哥的死讯传来，旭烈兀留下大将怯的不花率军两万继续攻略叙利亚、巴勒斯坦以及埃及诸地，自己则率领其余军队返回波斯。

在返回前，旭烈兀派遣一个由数十人组成的庞大代表团出使埃及，劝告埃及马穆鲁克苏丹忽都思投降。忽都思杀死蒙古使者，并御驾亲征。怯的不花率军迎击，两军战于利利地区（今阿音札鲁德）。蒙古军队遭到埃及军团的伏击，怯的不花战死，蒙古军全军覆没。埃及军乘胜占领大马士革、阿勒波和叙利亚全境，杀死蒙古所置官吏，怯的不花的妻室儿女和亲族全被俘获，蒙古西征的势头就这样被阻止了。

旭烈兀回到波斯后，得知忽必烈已即大汗位，于是决定留居波斯，不再东返蒙古本土。为了争取旭烈兀的支持，忽必烈将阿姆河以西直到波斯的国土都分封给旭烈兀为领地。旭烈兀便在自己的封地内，建立了“伊利汗国”，也称“伊儿汗国”。伊利汗国东起阿姆河和印度河，西至小亚细亚，南抵波斯湾，北到高加索及金帐汗国，都城为桃里寺（今大不里士），以蔑剌哈（今马腊格）为陪都。

惨惨日将暮，驱羸独到庄。

沙痕傍墟落，风色入牛羊。

——〔唐〕司空图《河上》

蒙古侵宋

蒙哥派兵西征的同时，也为重新发动入侵南宋的战争做准备。

自窝阔台死后，蒙古内部忙于汗位之争，蒙宋之间的战事处于相持状态。南宋利用这个喘息之际，加强了防御体系。

1240 年，南宋四川制置副使彭大雅扩筑重庆城，在合州（今重庆合川）的钓鱼山上筑寨，作为重庆城的屏障。任孟珙为四川宣抚使、京湖安抚制置大使，招兵练卒，在川蜀、京湖等地加强防务。1241 年，又以余玠为兵部侍郎、四川制置使兼知重庆府。根据四川的地形条件，余玠不断加强钓鱼山的防御工程，建立了被后世称为“蒙古军绞肉机”的钓鱼城防御体系，并将这种防御方法推广到四川其他主要水系上的山城，构建起一整套山城防御体系。

蒙哥即位以后，忽必烈镇守中原汉地，他深知南宋防守严密，一时无法正面进攻，便奏请先取大理国，对南宋采取迂回包围之计。蒙军取道吐蕃，抢渡大渡河，强渡金沙江，未遇太多抵抗，蒙哥汗三年（1253）冬，蒙军攻占了大理首府太和城（今云南大理）。不久，蒙古军又消灭了安南国（今越南），完成了对宋朝的战略大包围。

蒙哥汗四年（1254）春，忽必烈班师北还，留下速不台的儿子兀良哈台驻守大理，继续征服尚未归降的其他部落。到蒙哥汗五年（1255），大理各部均被征服。蒙古改变了以抢掠为主、掠完即撤的战略，而是充分利用已攻占的州郡作为进攻南宋的据点。并且在襄、邓一带及蜀口的沔州、利州等地开始分兵屯田，驻兵守卫，且耕且战，步步为营。

蒙古的新战略使南宋再度面临着生死存亡的关头。这时，南宋政局又发生了变化。余玠被权臣诬陷，让宋理宗对余玠起了疑心，蒙哥汗三年（1253）余玠突然亡故。第二年，余玠的部将王惟中也因被诬告私通蒙古被处死。

蒙哥汗六年（1256）六月，哈撒儿的儿子移相哥、驸马地速儿等提议征讨南宋。蒙哥汗七年（1257）春，蒙哥召集诸王商议，决定亲自征伐南宋，并诏令蒙古诸王出兵征宋，命其幼弟阿里不哥留守和林都城。这一次，蒙哥没有任用二弟忽必烈，因为忽必烈的势力已经迅猛壮大，让汗王感到了威胁。

忽必烈占据中原汉地将近 10 年，一些儒生和地方军阀的门客陆续投奔到忽必烈的帐下，形成了一批博学多能、精于策划的幕僚集团。同时，忽必烈拉拢和利用地方势力，网罗了一批北方汉族地主武装的头目及各族上层贵族为其效力。

在幕僚集团的帮助下，忽必烈对辖地河南、京兆和邢州三个地区实行“新政”：招抚流亡，禁止妄杀，屯田积粮，整顿财政，成效颇著，已得中原民心，被中原汉族儒士奉为“中国之主”。在蒙哥看来，忽必烈有了建立独立政权的野心，自己的汗位面临着挑战。蒙哥汗七年（1257），蒙哥与忽必烈在汉地政策和权益等问题上意见相左，两人之间的矛盾爆发。这一年，蒙哥派遣大必阇赤阿兰答儿和刘太平等为钦差大臣奔赴陕西、河南“钩考”钱谷，也就是审计时务，并对地方官员严厉审查乃至迫害，以此打击忽必烈的势力。忽必烈无奈妥协，交出了邢州、河南、陕西三地区的行政权力，“钩考”才告停。接着，蒙哥又解除了忽必烈的兵权，命他“在家休息养病”。直到蒙哥汗七年（1257）冬，忽必烈亲自朝见蒙哥，重申对大汗的忠诚，兄弟俩才尽释前嫌，重归于好。这时，西征军捷报频传，忽必烈的问题也得到了解决，于是蒙哥决定灭宋。

蒙哥汗八年（1258）二月，蒙古军兵分两路向南宋大举进攻，计划先占据长江上游与中游，再顺江而下，一举灭宋。其中，东路军由成吉思汗四弟斡赤斤的儿子塔察儿统率，攻打荆襄、两淮；蒙哥汗亲率主力军4万攻打四川，然后出峡东下，两路军会师后，围攻南宋都城临安。首先驻四川的都元帅纽璘奉命率领先头部队万人，从利州南下，直抵夔门。四月，蒙哥率领4万军队，号称10万大军，越过大漠经河西进抵六盘山，兵分三路入蜀。七月，蒙哥统率中路军自陇州入大散关（今陕西宝鸡西南）直抵汉中；

蒙哥异母弟末哥由洋州入米仓关；万户孛里察由渔关入河州（今甘肃临夏）。十月，蒙哥渡嘉陵江及白水江，攻破苦竹隘、大获山等处，相继攻克长宁（今四川广元西南）、李居山（今四川南充市）、大良山、隆州、雅州（今四川雅安）等数城。年底，纽璘率步、骑兵5万人、战船200艘从成都水陆并进，直驱涪州（今重庆涪陵），以阻击南宋的援蜀之师。与西路蒙古军的顺利进展不同，宗王塔察儿的东路军虽然牵制了江淮一带的宋军，却屡屡受阻，久无战功。

蒙宋开战以来，忽必烈于当年春夏之交才被蒙哥重新起用，在开平主持释道两教的辩论大会。由于东路军出师不利，十月，蒙哥改派忽必烈统率东路军，进攻鄂州。蒙哥认为，经过前番惩治，自己的权威已经让忽必烈低头、顺服，可以再次重用忽必烈。随后，蒙哥又调遣征服了安南的兀良哈台，经广西北上，与忽必烈会师。

忽必烈受命统率东路军后，自开平南下，蒙哥汗九年（1259）二月，来到荆州与诸王及谋士会合，商讨取宋之计。八月，忽必烈率军渡淮河，入大胜关，至黄陂，直抵长江北岸。不久，忽必烈突然得到蒙哥去世的消息。

原来，蒙哥汗九年（1259）年初时，蒙哥率主力猛攻钓鱼山。宋将王坚调集了合州属县17万人，增筑钓鱼城，设防坚守。二月，蒙哥亲自督战攻城，王坚率军奋力阻击。蒙军连攻5个月不克，伤亡惨重，钓鱼城因此被称为“蒙古军的绞肉机”。遭遇重挫之后，蒙古军士气低落，蒙哥也郁怒成疾。七月，蒙哥率军从钓鱼城撤兵，转攻重庆。不久，蒙哥病死，享年52岁，在位9年。蒙哥突然病死，让蒙军无心恋战，除汪氏和纽琳的军队留下外，其余都随蒙哥的儿子阿速带从重庆府、合州等地撤兵北返。

正在进军鄂州途中的忽必烈却不想马上撤军，他想立下战功，增加夺取蒙古汗位的资本。随后，忽必烈大军迅速抵达长江北岸，围攻鄂州城。但是，南宋的长江防务建设比较完善，忽必烈猛攻不克。同时，宋朝宰相贾似道与宋将吕文德又率军驰援，使鄂州免于沦陷。另外，从云南北上的兀良哈台军，在六月侵入广西后，也遭到了宋军的顽强抵抗。十月，这路蒙军绕道进入湖南，一个月后抵达潭州（今湖南长沙）城下。

十一月，从蒙古传来忽必烈之弟阿里不哥在漠北图谋继承汗位的消息。忽必烈担心弟弟先据汗位，即刻边做撤军打算边向南宋扬言：要直捣都城临安。消息传来，手握重兵的宋朝宰相贾似道惊慌失措。作为历任沿江、京湖、两淮的制帅，贾似道已经在鄂州之役阻止了蒙古军的猛烈进攻，却在这时决意投降，并且自作主张，派使臣前往蒙古军议和，表示愿意割江为界，每年纳贡银绢各20万两、匹。

贾似道不请自来，忽必烈也顺水推舟，许宋议和。但是，双方还没来得及讨论具体的条款，忽必烈就已经带着胜利姿态率军经燕京返回开平（今内蒙古多伦）去抢夺汗位了，蒙古的议和使者赵璧也随蒙古军匆匆北还，和议因此停留为初步的口头协议。

忽必烈撤去了对鄂州的包围，并通知兀良哈台退兵，使潭州之危解除。

就这样，蒙宋之间的战事再次暂告一段落。南宋王朝又获得了一次喘息的机会。

龙蛇一屈一还伸。未信丧斯文。复上古淳风，先王大典，不贵经纶。天君几时挥手，倒银河、直下洗嚣尘。鼓舞五华鸑鷟，讴歌一角麒麟。

——〔元〕刘秉忠《木兰花慢·混一后赋》

忽必烈称汗

蒙哥去世，让蒙古人停下了西征的脚步，终止了南侵宋朝的战事，让周边世界有了喘息之机，而蒙古的权贵们则紧锣密鼓地为争夺汗位展开了内斗。

蒙哥生前没有指定继承人，为两个弟弟——忽必烈与阿里不哥争夺汗位留下了空间。

忽必烈（1215—1294），全称孛儿只斤·忽必烈，是成吉思汗之孙、拖雷的次子、蒙哥的同胞弟弟。早在窝阔台时期，忽必烈就已经着手培植自己的势力，延揽了投靠蒙古的儒生窦默、姚枢，结交了“论天下事如指掌”的僧人子聪（后赐名刘秉忠）等人，组成了自己的智囊团。1242 年，通晓蒙语的赵壁应召到忽必烈左右；1247 年，子聪推荐张文廉来到忽必烈王府，担任王府书记。此外，忽必烈藩邸器重的还有王鹗、张德辉、李德辉、马亨、徐世隆、元好问等 20 余位名士，这些“才能智略之士”在忽必烈帐下形成了强大的幕僚集团。在幕僚们的影响下，忽必烈也受到儒家思想的熏陶，对中原王朝的统治方法有了初步了解。

统领漠南中原事务之后，忽必烈打破蒙古部族的传统统治方法，起用儒者，尝试“以汉法治汉地”，实施招抚流亡、禁止妄杀、屯田积粮、整顿财政等措施，初步扭转了中原因长期战乱导致的危机局面，博得了汉族地主、士大夫阶层的赞许和拥护。

除了争取汉人地主、士大夫的支持外，忽必烈对其他民族的上层贵族同样采取了吸引、利用的政策。如不花剌人赛典赤·瞻思丁、畏吾儿人阿里海牙和接受汉文化较深的畏吾儿人廉希宪、河西人高智耀，也受到忽必烈的重用。

蒙哥汗六年（1256）春，忽必烈决定改变在桓州、抚州间设帐而居的状况，下令在桓州东、滦水北的龙岗（今内蒙古正蓝旗北）兴筑新城，营建宫室房舍，三年后建成，定名为开平府，作为王府常驻之所。

开平府介于游牧草地与汉族农业地区之间，地势冲要，既便于与和林的大汗相联系，也有利于控制中原。开平的兴建，显示了忽必烈以儒臣治理汉地的统治方式已初见成效。但是，蒙哥是一位保守的统治者，在他看来，忽必烈的汉化就是“异化”，一定要加以打击、抑制。但是，在忽必烈再次被重用后，其追随者仍然是一呼百应。

蒙哥汗九年（1259）十一月，忽必烈的妻子遣使来报，留守和林的幼弟阿里不哥图谋称汗。正在率军围攻鄂州的忽必烈，接受姚枢、郝经等幕僚的建议，立即班师北返争夺汗位。

阿里不哥（？—1266），是拖雷的幼子，与蒙哥、忽必烈、旭烈兀同为唆鲁禾帖尼所生。按照传统，幼子继承父亲家业，阿里不哥随母亲唆鲁禾帖尼同住，并继承她的宫帐。阿里不哥与蒙哥政见一致，反对忽必烈的汉化政策。因而，蒙哥亲征南宋前，留下阿里不哥驻守蒙古大本营和林，并把自己的一个儿子玉龙答失留在老弟那里。

蒙哥死后，阿里不哥立即调动军队加强首都防务，并与支持自己的蒙古显贵结盟，凭借据守首都和林的优势，以监国摄政及忽里勒台召集人的身份，向四方遣使，发布敕令，要求诸王、那颜们赶来和林，为蒙哥举哀发丧，并出席忽里勒台推举新汗。同时，派出脱里赤在燕京招兵，企图将忽必烈的领地控制在自己手里。

忽必烈轻车简从赶到燕京之后，并没有急着前往和林吊丧、参加选汗大会，而是马上遣散了脱里赤的部众，整顿、约束自己的军队，挥师继续北返。

南宋景定元年（1260）三月，忽必烈抵达自己的王府开平。这时，耶律楚材的儿子耶律铸、忽必烈的异母弟弟末哥已经从和林赶到开平，以支持忽必烈。随后赶来的还有合丹（窝阔台之子）、阿只吉（察合台之子），以及西道诸王。在诸王的建议下，忽必烈当即在开平自行召开“选汗大会”。

出席会议的有以末哥亲王为首的诸弟，以塔察儿、移相哥

（哈撒儿之子）、忽剌忽儿（成吉思汗弟哈赤温之子）、爪都（成吉思汗弟别勒古台之子）为首的东道诸王，以及阿必失哈、合必赤等西道诸王共40余人；以霸都鲁（木华黎的孙子）、兀良哈台、失吉忽秃忽等为首的蒙古大将；弘吉剌部的驸马按陈、亦乞列思部驸马帖里该，以及吐蕃和大理的代表等。忽必烈的幕僚集团成员刘秉忠、姚枢、郝经、王文统、廉希宪等，汉军将领史天泽、张柔、张弘范、李琼等都出席了这次选汗大会。在塔察儿的提名和推举下，会议推选忽必烈登上了大汗位。

然而，按照蒙古族的传统惯例，选汗的忽里勒台应该在斡难河之地举行，而且必须邀请所有各系宗王参加。而忽必烈在汉地自行举行的选汗大会，显然有违传统，缺乏正统的法理依据。

不过，忽必烈是实力派，“实至名归”是早晚的事，即便自立为大汗，其他人也无可奈何。即位后，忽必烈以开平为京师，统治重心逐渐向燕京转移，同时采取适应统治中原汉地的方法，大力推行汉法，命令刘秉忠、许衡等人组织国家机构、确定职官制度，替代蒙古传统的统治方式。

四月，设立中央机构中书省，又称“都省”，管理全国政务。以王文统为平章政事，张文谦为左丞。中书省之下“吏、户、礼”合为一部，称“左三部”；“兵、刑、工”合为一部，称“右三部”。

五月，忽必烈效仿中原王朝以年号纪岁之法，建元“中统”，取“中原正统”之意，显示囊括天下之气概，创蒙古政权建元纪岁之始。

六月，任命回回人祃祃为中书省丞相，赵璧为平章政事，张启元为参知政事。后来，中书省官职又进行了具体定制，规定最高长官中书令由皇太子兼任，只是虚衔，下设实际长官右、左丞相各一名（以右为上），平章政事四名。其下又设右、左丞各一员，参知政事两员。从中书令到参知政事，都称为“宰执”，相当于内阁常委。下辖吏、户、礼、兵、刑、工六部。

由于中央机构建制尚在初期，官员变更频繁，一些重要职位还长期空缺。比如，中书右丞相一职直到中统二年（1261）五月，才由史天泽出任。设立中央政府的同时，忽必烈又设置了地方行政机构“十路宣抚司”，任命赛典赤、李德辉、宋子贞、史大泽、姚枢、张文谦等亲信及汉人幕僚担任宣抚使。中原地区被划分为十路，即：燕京路，益都济南等路，河南路，北京等路，平阳太原路，真定路，东平路，大名彰德等路，西京路，京兆等路（今陕西四川路）。路之下设府、州、县。

七月，忽必烈下令由中央政府统一发行纸钞。十月，又造“中统元宝交钞”，简称中统宝钞、中统钞、宝钞。不限年月，通行全国，可以用宝钞交纳赋税。

忽必烈在开平称汗一个月之后，阿里不哥在和林也召开了选汗的忽里勒台。参加选汗大会的有：蒙哥诸子阿速台、玉龙答失、昔里吉，哈剌旭烈兀（察合台之子）的妻儿鲁忽乃妃子、察合台的孙子阿鲁忽、旭烈兀的儿子出木哈儿，窝阔台孙子尔赤、合失的儿子海都、术赤系宗王忽里迷失和合剌察儿、塔察儿之子乃马台，以及蒙哥时期的大必阇赤李鲁合及亲信阿兰答儿、脱里赤等人。蒙哥的大将镇守六盘山的浑都海、驻守成都的密里火者、青居部属乞台布花也支持阿里不哥。阿里不哥的支持者，多数是成吉思汗直系的西道各支宗王。在这一部分蒙古宗王和权臣的拥戴下，阿里不哥称汗即位。

为了打破这种“二汗并立”的政治僵局，忽必烈抢先遣使传旨，宣布把只浑河（阿姆河）以西直到密昔儿（今埃及）边境的土地、军民划归旭烈兀统治，以争取三弟旭烈兀的支持。

此时，正在西征的旭烈兀班师北返至波斯，获悉忽必烈已经即汗位，并与幼弟阿里不哥发生了汗位之争，于是决定不再东返蒙古，留下经营波斯诸地。得到忽必烈的旨意后，旭烈兀向双方派出了使者，表示拥护忽必烈为大汗。

得到旭烈兀的支持后，察合台的领地就成了另一个必争之地。忽必烈派出支持自己的察合台曾孙阿以失哈纳邻命丹前去阿力麻里，企图控制察合台的领地，使之与中原汉地互为犄角，钳制漠北。当时，察合台领地由哈剌旭烈兀的寡妻兀鲁忽乃妃子摄政。不料，这两位宗王途中被阿里不哥的军队扣留。阿里不哥派遣阿鲁忽赶到阿力麻里，控制了察合台的领地。如此一来，蒙古汗国出现了两位大汗相互抗衡的局面。

为了独掌大局，阿里不哥决定南下与其兄争夺天下，一场内战不可避免地爆发了。

今朝风忽发东北，纵帆如飞揭百尺。
来者寸步不可前，停舻怅望求弗获。
风从何来天何为，顺喜逆怨人自私。
世间万事亦尔耳，乘除妙理君安知。

——〔宋〕卫泾《舟行遇顺风》

同室操戈

中统元年（1260）夏天，阿里不哥调动原由蒙哥控制的蒙古主力军发动内战。命阿兰答儿调兵至西凉府（今甘肃武威），与据守六盘山的浑都海、哈剌布花军会合，占据关陇，再自西路向燕京进军，派刘太平和霍鲁海到陕西办集粮饷，图据秦蜀，形成有利形势；再遣长子木忽儿和术赤的儿子合剌察儿率东路军，出和林南征开平、燕京。

针对阿里不哥的部署，忽必烈命廉希宪为京兆等路宣抚使，先发制人，于中统元年（1260）六月，以谋反罪处死了霍鲁海、刘太平、密里火者、乞台布花等人，并且阻止两川支持阿里不哥的军队东进。接着，忽必烈诏令陕西四川宣抚使八春节制诸军，派合丹、合必赤、汪良臣统率陕西汉军增援八春，抵御六盘山的敌方军队。

八月，阿兰答儿领兵南下，至西凉府，与浑都海军会合，挥师东进。忽必烈命合丹、合必赤与八春、汪良臣等率领蒙、汉军迎战。两军大战于山丹（今甘肃山丹）的耀碑谷，忽必烈军大胜，俘斩阿兰答儿、浑都海。

尔后，忽必烈决定亲征蒙古首都和林，以移相哥、察合台曾孙纳邻合丹为前锋。时值初冬，阿里不哥逃往谦谦州（今叶尼塞河上游），忽必烈占领和林。

阿里不哥担心忽必烈乘胜追击，派遣使者假意求和，并表示在秋高马肥后，再赴阙谢罪，得到允准。忽必烈惦念汉地政局，便留下移相哥驻守漠北，自领部分兵马于十月南返。

十二月，忽必烈回到燕京近郊大营，对拥立自己的宗王、将领进行封赏，正式尊封八思巴为“国师”，赐以玉印，统领天下释教。同时建立了仪凤司、符宝局及御酒库、群牧所等部门。

中统二年（1261）二月，忽必烈诏命燕京行省及各路宣抚使北上开平，会议军国大政。会后，设立了全国农业管理机构“劝农司”，以陈邃、崔斌等八人为劝农使，分赴各地整顿农桑，推广先进的生产技术、兴修水利，保护劳动力和耕地，等等。

七月，再设“翰林国史院”，诏令翰林学士兼修国史，以右丞相史天泽为监修官；指令翰林学士王鹗编写辽、金史，以左丞相耶律铸、平章政事王文统为监修官。

与此同时，忽必烈下令对漠北实行经济封锁，断绝阿里不哥的外界物资供应。

阿里不哥以自己的封地谦谦州和阿尔泰山为根据地，四面有受他控制的察合台和窝阔台后裔的封地。为了缓解物资短缺，阿里不哥遣使至察合台汗国调集军需，征集器械粮食，以为接济。同时，命阿鲁忽扼守阿姆河，以防旭烈兀东进接应忽必烈。

阿鲁忽既接受阿里不哥的任命成为察合台兀鲁思的汗王，也手握西至阿姆河东岸的西域绿洲城邦的封地权，包括原来由蒙古大汗派驻该地区的官员和军队归属了阿鲁忽。这样一来，阿鲁忽实力骤增、羽翼丰满，便不把阿里不哥放在眼里。

当阿里不哥派来使者要征调军需、运走大批牲畜和武器时，阿鲁忽大为不满，索性杀了阿里不哥的使者，宣布拥护忽必烈。忽必烈见机行事，立刻表示承认阿鲁忽的既得权益，从而争取到了阿鲁忽的支持。

中统二年（1261）九月，阿里不哥提兵南下，率领斡亦剌等部众回师和林，佯称愿意归顺，却突然袭击边将移相哥，占领了和林，随即发兵南下骚扰漠南。

十月，忽必烈再次亲征，急召张柔、严忠嗣、张宏等 7 个万户汉军，并令董文炳率射手千人、塔察儿率军士万人随从北征。两军相遇于昔木土脑儿之西，塔察儿与合必赤分兵奋战，先斩阿里不哥的大将合丹火儿赤，再破阿里不哥的斡亦剌军，阿里不哥溃败北撤。

随后，阿速台率领的后续部队赶到，与阿里不哥会合，兵分三路再度南下。但是甫一交战，阿里不哥的右翼就被丞相史天泽率领的左路军击败；左、中两翼与忽必烈军鏖战至夜，杀伤相当，不分胜负。是年冬，阿里不哥北撤，忽必烈追至和林南还，形势暂时缓和下来。

中统三年（1262）二月，忽必烈与大司农姚枢、尚书刘肃商议官俸之事。因为忽必烈即汗位后，只是仿照中原王朝的官制，却未明确官吏的俸禄，确立官俸有助于缓解官吏恣意贪污的情况。

同时，朝廷还为中央和地方官府制定了若干具体的行政条款，调整扩充行政中枢，进一步明确了机构职能，“内立都省，以总宏纲；外设总司，以平庶政”。六月，任命线真为中书右丞相，塔察儿为中书左丞相。

忽必烈试图“以汉治汉”统治中原领地，但是，并非所有的汉人都肯做顺民。

中统三年（1262）二月，山东发生了李璮叛蒙事件。李璮是元朝与金、南宋之交盘踞淮北、山东的地方军阀李全之子，拥兵自重，游走于蒙宋之间，从中渔利。忽必烈即位后，为笼络地方军阀，封李璮为江淮大都督，并节制戍边的蒙古军、汉军。

然而，忽必烈的笼络并未能安抚住李璮。中统三年（1262）二月初三，李璮乘忽必烈忙于应付阿里不哥之机，出兵歼灭蒙古戍军，攻占涟水、海州、东海三城后，投靠了南宋。宋理宗赵昀大喜，即刻加封李璮为保信、宁武军节度使，督视京东、河北路军马、齐郡王。并赋诗一首《李璮归国》，以示庆贺：

九扶汉鼎赖元勋，泰道宏开万象新。

声暨南郊方慕义，恩渐东海悉来臣。

凯书已奏三边捷，庙算全消万里尘。

坐致太平今日事，中兴宝运喜环循。

李璮受到鼓舞，继续扩大战果，攻入益都（今山东青州），入城后打开府库犒赏将士，再遣骑兵攻略蒲台（今山东利津西南）。三月，李璮入据济南。

忽必烈得悉李璮叛乱，迅速命宗王哈必赤总督诸路军兵镇压。从四月至七月，蒙古军仅用了 4 个月时间就平息了这场叛乱。由于李璮起兵未能获得当地人民的支持，而宋廷援军在得知李璮被围困后中途回师，导致李璮彻底失败，山东复为蒙古所有。

李璮叛乱打击了忽必烈重用汉臣的热情，加重了他对汉人的猜忌，随后采取了一系列削弱汉人儒士地位的措施。比如，废除汉人诸侯的世袭制度，削弱汉人诸侯的军权，在地方上实行军民分治，等等。同年，还下诏指令："诸路管民官理民事，管军官掌兵戎；各有所司，不相统摄。"在各级政权中利用色目人[1]分掌事权，与汉人官僚相互牵制。

---

① 忽必烈将除了蒙古人、汉人（淮河以北原金朝境内的汉族、契丹、女真等族，也包括较早被征服的云南、四川、高丽人在内）、南人（最后被征服的原南宋境内的各族人民）以外的人，总称为色目人（包括钦察、唐兀、畏吾儿、回回、乃蛮等）。

在忽必烈解决内部叛乱之时，阿里不哥也以武力讨伐叛离者。

中统三年（1262）秋，阿里不哥率军征讨阿鲁忽。阿鲁忽战败，逃至亦思宽（今伊塞克湖一带），后又退往喀什噶尔和撒马尔罕。同年冬，阿里不哥驻营于察合台汗国的都城阿力麻里。他肆行杀掠，阿鲁忽部下多被杀死，伊犁河流域为之残破不堪。

忽必烈乘阿里不哥进攻阿鲁忽之际，再次收复了和林。

中统四年（1263）五月，为了加强中央集权，继设立中书省后，忽必烈沿用宋、金旧制，再设枢密院专管全国军务，改变了此前蒙古国军队由大汗、宗王、万户长、千户长自领兵马、各自为战的军事领导体制。

枢密院长官院使由皇太子兼领，只是虚衔；实际长官是副使二人，由史天泽、忽剌出担任，下设佥书枢密院事一员①。为了适应对南宋军事行动的需要，还专门在地方上设立了“行枢密院”，相当于省军区司令部，负责指挥作战，管理当地军务。担任行枢密院知院的大多数是蒙古人，也有少数色目人，汉人和南人不能任此职。

同年，升格开平府为上都，进一步提高其政治地位。上都是忽必烈加强对草原地区的统治和维系与蒙古贵族关系的渠道，有助于更好地维护黄金家族的团结。在执行汉法的同时，忽必烈也

---

① 以后在副使之上增设知院、同知、佥枢下设同佥枢、院判，名额不定，并规定以知院事为首。

充分照顾蒙古贵族的习惯和利益。

与忽必烈为巩固汗权而努力不同，阿里不哥进驻阿力麻里后则大肆宴饮、寻欢作乐，引起了当地居民和属下部将的不满，追随者开始悄悄地脱离他。

旭烈兀的儿子玉木忽儿借口有病，首先离开；接着，蒙哥的儿子玉龙答失与阿里不哥部下的一些千户长也潜逃到阿尔泰地区的札布汗河上游，共商归降忽必烈。加之忽必烈封锁了通往阿里不哥驻地的交通，中断了来自汉地的供给，阿力麻里的粮食、生活物资极为短缺，物价飞涨。中统五年（1264）春，阿力麻里又遭遇饥荒，军心愈加涣散。七月，走投无路的阿里不哥向忽必烈投降，长达5年的汗位战争就此结束。忽必烈赦免了阿里不哥，将之幽禁，阿里不哥不久病死，也有说被毒杀。

忽必烈最终取得了对蒙古国的统治权，随即撤销了和林的都城地位，设宣慰司都元帅府直接管辖，漠北与中原地区得以统一。但是，坚守蒙古旧制的宗王们始终认为，忽必烈“自立为汗”，有违蒙古大汗的选举传统，其“行汉法”的主张更是不能接受，纷纷与忽必烈断绝来往，脱离他的统治，使其政权辖区仅限于中原地区、西藏和蒙古本土。

宿雨初收晓日升，晴川远浸数峰青。

西风一洗林峦翳，收拾秋容入画屏。

——〔宋〕卫宗武《出中新霁》

建立元朝

中统五年（1264），忽必烈彻底解除了阿里不哥的威胁，舒心之余，采纳刘秉忠的奏请，援引《易经》名句“至哉坤元，万物资生，乃顺承天”为据，改年号为“至元”，意为“生成万物的大地，开始发挥它的功能”。

同年，在中书省的建议下，忽必烈改燕京为“中都”。又在中央政府设置了“总制院”，管辖全国佛教事务及吐蕃僧俗政务，任命国师八思巴领院事。还设置了“大宗正府”作为“札鲁忽赤”，即司法长官的官衙，主要处理蒙古宗王、驸马以下的蒙古人、色目人及汉人的刑名词讼。

至元二年（1265）闰五月，针对蒙古疆域不断扩大，人户却因战乱锐减的状况，忽必烈诏令裁并州县。至十二月，共裁并户口不满千数的州县220余个。

至元三年（1266）正月，为了完善中央财政体制，忽必烈下令设置“制国用使司”，管理财政事务。以回回人阿合马为“制国用使”，即财政大臣，并对京、府、州、县、司官吏正式实施颁发官俸职田的薪酬制度。

为了增加财政收入，至元四年（1267）五月，忽必烈下令：交纳包银[①]的民户在原来4两的基础上增纳钞1两，专做官吏俸禄之用，名为“俸钞”。

次年年底，又设立“斡脱总管府”，管理斡脱事务。所谓“斡脱”就是高利贷业务。自蒙古立国以来，大汗、诸王、贵族、功臣和各级官府都把资金委托给回回商人外放高利贷，借以获取厚利。1252年蒙哥汗时期，中央政府就曾设立了专门机构，任命大臣孛阑合剌孙掌管斡脱事务。至元四年（1267），忽必烈决定在中都东北部营建新的都城，为建立元朝做准备。

随着北方统治秩序渐趋稳定，忽必烈已经具备了全力进攻南宋的政治、军事条件，因此，攻取南宋的计划被逐渐提上议事日程。

早在1259年年末，忽必烈与贾似道在鄂州订立城下之盟，蒙古退兵。贾似道向宋廷隐瞒了议和、纳币之事，又在蒙古军撤离时追杀了殿后的百余名蒙古军，向宋朝廷谎称“诸路大捷”“江汉

---

① 包银系元代对汉族民户所征赋税之一。1236年，窝阔台汗时期规定，赋税的征收对象以地、户、丁为准。地丁征米粟、户征丝料。最初只针对真定一路民户派征包银，后又推行于中原各地。包银初行时，令中原汉民户每户每年出银6两。1255年，蒙哥汗时期又规定每户每年出银4两，其中2两银、2两折收丝绢等物。

肃清”。

1260年，忽必烈即位后，派遣使者郝经到达宋境，与南宋商谈议和。贾似道为了隐瞒真相，将郝经一行人拘留在真州（今江苏仪征）的军营，长达16年之久，并且不理睬。其间，忽必烈曾于中统二年（1261）七月以伐宋相威胁要求放人，但是因阿里不哥的牵制未能集中精力处理与南宋之争。

忽必烈无暇顾及南宋，而南宋政权却走上了自取灭亡的道路。宰相贾似道擅权妄为，肆意排挤有才干的宋朝将领。

中统二年（1261），宋将刘整投靠蒙古。刘整本是南宋一员骁将，在京湖与四川战场上转战驰骋数十年。因与上司四川制置使俞兴不和，遭到报复，刘整申诉无门，终以泸州十五郡降附蒙古。其叛降改变了宋蒙在四川地区的力量对比，也使蒙古了解了南宋的虚实，战争形势对宋朝非常不利。

李璮之乱后，宋蒙关系更趋恶化。中统五年（1264）正月，忽必烈下令罢蒙古南边与宋之间的互市。

至元四年（1267），忽必烈接受降将刘整的建议：“攻宋方略，宜先攻襄阳。若得襄阳，则浮汉入江，宋国可平。”为此，蒙古军造战舰5000艘，练水兵7万人，并且在汉水东面的白河口筑城，切断了宋军襄阳的粮饷通道。

同年，贾似道晋封为“平章军国重事”，位在宰相之上。战事危急之时，贾似道倒行逆施，闭口不谈兵事，也不做任何防御准备，在西湖及风景秀丽的葛岭建筑了许多楼台亭榭，称之为“半闲堂”，包养妓女、尼姑数人，随意享用，不务政事。

至元五年（1268），忽必烈命阿术、刘整督军南下攻宋，围困襄阳。这一次，蒙古军做好了打持久战的准备，设立河南行省，经理屯田，以便供给襄、樊前线。至元六年（1269）二月，丞相史天泽和驸马忽剌奉命至襄樊前线加强指挥，随后修筑始于万山，包围百丈、楚山，止于鹿门的长围，严密围困樊城。

尔后，宋元之间最激烈持久的襄樊之战打响。蒙军决心不惜一切代价夺取襄、樊。

襄阳和樊城夹汉水而对峙，宋军在水中植木，联以铁索，中造浮桥，作为两城互相支援的交通要道。为打破蒙古军对襄、樊的包围，防范蒙古军从京湖地区长驱直入，宋廷积极增援襄、樊。至元六年（1269），宋军先后三次增援襄阳都失利而退。接着，贾似道于至元七年（1270）正月，以李庭芝为京湖安抚制置使，督师解围。而同年，蒙军开始筑实心台于汉水中流，置弩炮于其上，与夹江堡相应。同时再筑围城，完全切断宋军救援襄阳的陆路。

贾似道命范文虎独领一军解襄、樊之围，同时又命他牵制李庭芝。李庭芝欲进兵，范文虎却迟迟不动，整日击球饮宴，直至九月才发兵增援。此时，忽必烈再令刘整选卒 7 万，日练水军，以济己之短。至元八年（1271）四月和六月，范文虎先后两次冲击襄阳蒙古军，都在鹿门山（今湖北襄阳东南）被击败，丢弃战船、辎重才得以逃走。

至元八年（1271）五月，忽必烈令四川的蒙古军将帅赛典赤、郑鼎提兵水陆并进，直抵嘉定（今四川乐山）；汪良臣、彭天祥出重庆；札剌不花出泸州；曲立吉思出涪州（今重庆涪陵）；杨文安出兵争夺达、开二州，以牵制四川宋军，使之不能出夔峡增援襄、樊。

随着征宋战争的顺利进行，忽必烈在中原地区的统治也日益巩固。于是，他决定在“附会汉法”方面再迈进一步，把自己的蒙古王朝改造为传承正统的中原王朝。

至元八年（1271）十一月，忽必烈采纳刘秉忠、王鹗等儒臣的建议，正式建国号为“大元”，并颁布建国号诏。喻示：他将取代南宋王朝，延续中原王朝的统治。

同年，忽必烈下令开办“国子学”，增置司业、博士、助教各一员，选随朝百官、近侍蒙古人、汉人子弟和俊秀者为生徒。同时，为了体现新君主的“用刑宽恕”意旨，忽必烈还颁布了许多新的法令，组织重臣修订律令。

至元九年（1272）二月，忽必烈又采纳刘秉忠的迁都建议，改“中都”为“大都”，正式将大都定为元朝首都。随后，元军加强了对襄阳、樊城的进攻。

化工溥至仁，生机运不停。

荣观遍原野，宇宙一丹青。

——〔宋〕卫宗武《春日》

南宋灭亡

至元九年（1272），南宋的襄、樊二城已经陷入蒙军重围近5年之久，城内粮食还能勉强维持，但是食盐、布匹等物资已告罄，城外援军却遥遥不见踪影。

是年五月，宋将李庭芝率领少量援军抵达郢州（今湖北钟祥郢中），遥望元军重围，不敢进攻。为解襄阳之围，李庭芝出重金在当地招募了3000名敢死队员，派遣民兵领袖张贵、张顺统领战船百艘，向襄阳突袭。敢死队人人奋勇争先，乘风而进，直冲重围，成为襄阳围困以来唯一一次成功的援救。但是，在接下来的战役中，因为范文虎没能应约发兵夹击，导致张贵孤军作战，兵败被俘。范文虎自己援襄无功，又掣肘李庭芝，使其援襄不能有所作为。

至元十年（1273）正月，元军终于攻破樊城。樊城失守，襄阳失去依靠，在元军的炮火攻击下，襄阳独木难支。守将吕文焕坚守孤城5年之后绝望变节，接受元军的招抚，献出襄阳，投降了元朝。

襄、樊二城相继失守后，沿江的南宋诸城随风而降，长江中游门户洞开，为元军进攻南宋首都临安敞开了大门。

至元十一年（1274）六月，忽必烈再度下诏宣布南伐，决定彻底消灭宋朝。命左丞相伯颜领行中书省总兵，统军20万大举灭宋。伯颜以深略善断著称，原为旭烈兀手下朝臣，至元二年（1265）以使臣身份被旭烈兀派往元朝奏事，因深得忽必烈的赏识，被留下来提拔重用。伯颜能征善战，没有辜负忽必烈的重托，领军兵分两路，水陆并进。左路由博罗欢、刘整率领，从京湖陆路进攻淮南，直取扬州；右路由伯颜、阿术率元军主力走水路，从襄阳入汉水过长江，进攻临安，以降将吕文焕为先锋。九月，元军揭开大举灭宋的战幕。

面对元军的攻势，宋军在郢州、青山矶一带进行了勉强抵抗，但是，汉阳、鄂州守将相继献城降元。至元十二年（1275）正月，元军沿长江东下，黄州、蕲州、江州、德安、六安等地宋将望风败降。伯颜统兵抵达江州（今江西九江），安庆知府范文虎献城投降，元军进驻安庆府。

鄂州易手后，南宋群臣纷纷奏表，要求贾似道亲自出兵抗元。贾似道不得已出任都督诸路军马[①]，于至元十二年（1275），抽调

---

① 官名。南宋初年，常以宰相、枢密使、执政或其他高级官员总管数路军事，称督军马。

各路精兵 13 万，随军战船装载辎重、金帛和妓妾，出师应战。

兵至芜湖，贾似道与鄂州兵败后逃到泸州（今安徽合肥）的夏费部会合。同时派人向伯颜求和，表示愿意向元朝称臣、纳币，一如开庆鄂州之约，请求元兵撤退。伯颜对此不屑一顾，并称“宋人无信，惟当进兵”。五月元兵攻陷池州。

贾似道见求和不成，只得将精锐 7 万人交给总统诸军孙虎臣统领，驻扎于池州下游的丁家洲，让夏贵指挥战舰布阵江中，自己则屯兵鲁港（今安徽芜湖南）。

伯颜自池州继续向东推进，与宋军在丁家洲遭遇，展开大战。伯颜部骑兵沿大江两岸掩杀，举巨炮猛轰宋军，阿术驱船舰突入宋军水师。宋前军孙虎臣战前动摇，夏贵见状不战而走，结果宋军水陆主力几乎丧失殆尽。贾似道携带的大量军资器械，都成为元军的战利品。

丁家洲大战之后，元军顺江而下、兵不血刃地占领了建康城（今南京）。此后，元军以建康为南进的基地，兵分四路，攻占了周围的溧水、广德、常州、镇江等地，完全控制了该地区。十月，元军主帅伯颜命阿术再次包围扬州，并率主力分兵三路直奔临安，向临安发动了最后的进攻。这时，临安城里的南宋官僚已经争相逃匿。

十一月，伯颜亲率元军中路进攻常州。南宋知州姚訔、通判陈怡、都统王安节等奋勇守城。伯颜率元军在城外役使当地居民运土筑垒，为了加高堡垒与城墙持平，竟将运土居民一起埋入垒中，还指使士兵杀人煎膏、取油作炮。两个月后，姚訔在城破时战死，陈炤、王安节率宋兵展开巷战，最终阵亡。

右路元兵攻取了安吉东南的独松关，附近州、县宋兵望风遁逃。左路元军由董文炳率领，以水军进攻江阴，江阴陷落后，元军由海道经华亭（今上海市松江）杀奔澉浦，从东北面逼近临安城。

此时的南宋，大厦将倾，却依然不乏力战到底的忠良将士。李芾在潭州、李庭芝和姜才在扬州、马暨在青江府（广西桂林）、张珏在四川都领导军民进行了英勇的战斗，以死抗元。赣州知府文天祥，接到南宋朝廷的“勤王”[①] 诏书后，变卖全部家产以充军费，从民间征调、组织了三四万人的“勤王军”。

十一月，元军攻破了临安门户独松关。文天祥和总领都府诸军张世杰建议，派兵护卫太皇太后谢道清、宋恭帝的母亲全太后及宋恭帝赵㬎逃往海中避难，自己率宋军同元兵决一死战。宰相陈宜中竭力反对，说服谢太后派人向元军献出玉玺，降表请降。至元十三年（1276）正月十八日，南宋向伯颜献上传国玉玺，无条件投降。

伯颜接受降表，要求宋朝宰相来营商议具体事宜。陈宜中不敢前往，当晚就逃向温州。张世杰率军退走海上至庆元府（今浙

① 指君主制国家中君王有难，臣下起兵救援君王（皇帝），这种行为即称为“勤王”。

江宁波），宋度宗儿子益王赵昰、广王赵昺在朝臣保护下潜出临安府。其他宰执大臣无人愿意出面，谢太后临时任命吴坚、文天祥为宰相，兼枢密使。文天祥奉命出面主持残局，但不受宰相衔，以资政殿学士的旧职出使元军。伯颜放还吴坚，扣留了文天祥，并将他送往北方，文天祥途中逃离元军。

二月初五日，宋恭帝赵㬎出城投降，宋朝灭亡。

三月初二日，伯颜入临安城，部署北归事宜。十三日，宋恭帝、全太后、两宫后妃、宗室、官僚和太学生等数千人，以及南宋的所有宫廷物资，都被元军押往元大都。太皇太后谢氏因病暂留临安，不久也被押往大都。6 岁的宋恭帝被元世祖废为瀛国公，后来入寺为僧，1323 年，在吐蕃被赐死。

宋廷投降后，伯颜命令谢太皇太后书写投降手诏，又命南宋三省、枢密院发布檄文，号召所有未陷落的南宋州郡停止抵抗。但是，南宋军民却没有因此投降，散落各地的将领誓死不降元，一息尚存，抗战不止。

至元十三年（1276）五月初一日，逃亡福州的陈宜中、张世杰、陆秀夫、苏刘义等人扶立 9 岁的宋度宗长子赵昰为帝，改元景炎，是为宋端宗。

赵昰流亡小朝廷的建立，让正在艰苦抗元的宋将们极为振奋。七月，文天祥到达南剑州，开设督府，传檄起兵。但各地守将基本无兵，时势也已不同。九月，元兵由明州（今浙江宁波）和江西出发，大举向福建、广东地区进军。十一月，在降将王世强的引导下，元军相继攻占建宁府（今福建建瓯）、邵武军、南剑军（今福建南平）。陈宜中、张世杰等人用海船载着大批宋兵，护送宋端宗赵昰撤退到泉州港口。不料，泉州守臣蒲寿庚叛变，陈宜中等人又护送赵昰向潮州方向撤退。

至元十四年（1277）六月，文天祥从福建路转移到广南东路，进入江西，在雩都大败元兵，收复兴国。不久，又收复吉州（今江西吉安）、赣州的属县，包围赣州，气势颇盛。八月间，元朝见文天祥在江西的声势越来越大，急忙派出骑兵，由江西宣慰使李恒率领，发动反攻，文天祥退走汀州，屯兵于南岭。这一战，文天祥妻儿被掳，主力溃散。

此时，元军继续向南追击宋端宗，迫使流亡政权一再迁徙，逃离潮州经海道至惠州。十二月又撤到珠江口的井澳。逃亡的路上，陈宜中脱离了宋端宗行营，自去占城。年仅 10 岁的赵昰因经不起颠沛流离的海上逃亡，惊悸成疾，于至元十五年（1278）四月病死。众臣多欲散去，但是在张世杰、陆秀夫的鼓励下，留守众臣又拥立 7 岁的宋度宗三子赵昺为帝，改元祥兴。这年二月，文天祥转至潮、惠等地，继续抗击元军。八月，驻崖山（今广东新会南海中）的流亡宋廷封文天祥为少保、信国公。十一月，文天祥率兵进驻潮阳，讨伐叛军陈懿。不料，陈懿引来元军，文天祥撤至海丰。十二月，文天祥在海丰以北的五坡岭突遇元兵，苦战被俘，部下殉难者不计其数。

至元十六年（1279）正月，主持两广军务的元军大将张弘范率水军大举进攻崖山，文天祥也被押在船上。船舰经过珠江口外的零丁洋时，文天祥奋笔疾书，写下《过零丁洋》。诗云：

辛苦遭逢起一经，干戈寥落四周星。
山河破碎风飘絮，身世浮沉雨打萍。
惶恐滩头说惶恐，零丁洋里叹零丁。
人生自古谁无死，留取丹心照汗青！

进攻崖山前，张弘范劝说文天祥写信劝降张世杰，文天祥就把这首诗抄录给张弘范作为答复。元至元二十年（1283）十二月初八日，文天祥再次拒绝了忽必烈拜他为丞相的劝降。次日，在大都柴市慷慨赴死，时年 47 岁。

崖山之战成为元军消灭南宋残余势力的最后一战。元军一面占据崖山南端的入海口，一面断绝宋军的淡水来源。至元十六年（1279）二月初七日，元军从东、南、北三面进攻崖山，防线被突破，宋军溃乱。最终，张世杰和苏刘义率 10 余艘船冲出重围，驶向大海，而陆秀夫等大批朝臣、后宫妃嫔已难逃此劫。陆秀夫见败局已定，决定殉国，先让自己的妻子儿女投海自尽，然后对 8 岁的赵昺说："国事至此，陛下当为国死。德祐皇帝（宋恭帝赵㬎）受辱已甚，陛下不可再受俘虏之辱了。"说完，背起赵昺，一起跳入大海身亡。流亡政权的后宫、官员、将士纷纷赴海，杨太后也投海自尽。随着南宋流亡政权的覆灭，立国 319 年的宋王朝彻底退出历史舞台。

天公轨与物为春，人事纷纷蔼若云。

锦绣山川谁管领，只应鱼鸟得平分。

——〔宋〕卫宗武《春日》

宗王叛乱

到蒙哥统治时期，蒙古通过连年的征战，已经建立了一个横跨欧亚的大汗国，其疆域东起中国东北，西至俄罗斯。不过，从成吉思汗统治末期开始，这个大汗国的各个“兀鲁思”便出现了离心离德的倾向。尔后，经过一轮又一轮的汗位争夺战，到蒙哥时代，蒙古诸王之间的个人仇怨和领土争端已经积重难返，分崩离析势所难免。

在历次的汗位争夺战中，割据一方的兀鲁思居中渔利、博得特权已成惯例。蒙哥上台后，金帐汗国就因支持蒙哥而获得独立自主的主权地位。忽必烈争夺汗位之时，为了争取支持，也给予弟弟旭烈兀的“伊儿汗国”独立的政治地位。如此一来，宗王们个个都跃跃欲试，希望能够摆脱大汗的节制，独立掌控自己的封地。

自成吉思汗制定分封制以来，受封的诸王在各自封地都享有至高无上的地位，俨然是“国中国”。但是，大汗对于这些封地的军队有征调权，因此诸王仍然处在大汗的控制之下。

忽必烈称汗后，虽然将统治中心移向中原，但是仍然行使蒙古大汗的职权。至元元年（1264），忽必烈打败阿里不哥之后，曾以商讨如何处置阿里不哥为由，邀请金帐汗国别儿哥、察合台汗阿鲁忽、伊利汗旭烈兀和窝阔台系宗王海都前来参加忽里勒台大会。当时，伊利汗旭烈兀、钦察的别儿哥和察合台的阿鲁忽都在忙自己汗国中的事务，虽然答应至元四年（1267）到达，但不久都先后去世。海都虽健在，却始终借口“牧马尚瘦”，拒不来朝。

海都是窝阔台的孙子、合失的儿子，据说是成吉思汗家族中唯一不喝酒的成员。自从拖雷系夺去汗位之后，海都就一直心怀不满。在那场汗位争夺战中，窝阔台系诸王势力遭到沉重的打击。原属于窝阔台系的兀鲁思，被蒙哥分割为若干小块，转封给那些未参与反抗的窝阔台子孙们。海都当时袭封了海押立（今哈萨克斯坦共和国塔迪库尔干东北）之后，就开始为重振窝阔台系而秣马厉兵。

忽必烈与阿里不哥争夺汗位之时，海都曾支持过阿里不哥。阿里不哥失败后，海都想趁火打劫，攻占察合台系阿鲁忽的封地。于是，利用术赤系宗王与察合台兀鲁思之间的矛盾，依靠金帐汗国别儿哥的支持，海都出兵攻打阿鲁忽，占据了阿力麻里。

光阴流转，时至至元五年（1268），别儿哥、阿鲁忽、旭烈兀三位汗王已相继去世，忙哥帖木儿、木八剌沙和阿八哈分别继承了金帐汗国、察合台和伊利汗国的统治权。而海都的窝阔台兀鲁思仍在奋发图强、扩张实力，但是羽翼尚未丰满。忽必烈当时虽无力西顾，却又不愿坐视海都的发展和强大。至元三年（1266）

六月，忽必烈任命皇子那木罕为北平王，至漠北镇守，增强对阿里不哥系诸王的监视、弹压。同时，为从蒙古高原出兵西北边地做好军事准备。

此后，忽必烈又将自己信任的察合台四世孙八剌派往察合台兀鲁思，辅助木八剌沙，企望通过他加强对西北政局的控制。察合台封地在窝阔台封地之西，这样便可形成对海都的东西夹击之势。同时，忽必烈还选派办事果决的乃蛮人铁连去术赤系封地，联合忙哥帖木儿出击海都。

但是，八剌也有独立的欲望，到达察合台兀鲁思后，以阴谋手段取代了木八剌沙的汗位，自立称汗，此后便不再听从忽必烈的命令。此时，察合台汗国与窝阔台汗国的矛盾依然存在，双方常为争夺土地、牧场和人口而不断征战。为了获取更大的利益，八剌聚集兵力，准备进攻海都。

至元五年（1268），忽必烈发兵进击海都，双方交战于北庭（今新疆吉木萨尔破城子），海都败退，从阿力麻里西撤。

接着，海都又受到八剌和忙哥帖木儿的攻击。双方数次交战，难分胜负。最后，三方决定坐下来谈谈。至元六年（1269），察合台、窝阔台与金帐汗国在塔思举行忽里勒台大会。会上，三方决定结成安答，一致对外，共同对付忽必烈与伊利汗阿八哈。同时，划分了三方在阿姆河以北地区的势力范围。

次年，在与阿八哈的战争中，八剌溃败。不久，八剌死去，海都乘机掠夺了八剌的财产并控制了察合台汗国，立察合台之孙聂古伯为汗，察合台兀鲁思沦为海都的附庸，并与元朝在天山南北两路形成对峙局面。但是，海都的得势令八剌和阿鲁忽诸子不服，纷纷兴兵攻打海都。察合台与窝阔台后裔之间再次陷入混战局面。

至元七年（1270），忽必烈任命刘好为乞儿吉里、撼合纳、谦州、益兰州等五部断事官，加强对西北地区的行政控制。至元八年（1271），忽必烈命北平王那木罕驻守阿力麻里，随同镇守的还有忽必烈的八子阔阔出、蒙哥的儿子昔里吉、忽必烈的弟弟岁哥都之子脱黑帖木儿、阿里不哥的儿子玉木忽儿、灭里帖木儿等人。

至元十年（1273），察合台汗聂古伯与海都相攻，那木罕趁机出兵征讨。三月，聂古伯兵败被杀。至元十一年（1274），元廷在天山南北的别失八里、斡端（今新疆和田）、鸦儿看（今新疆莎车）等处设置水陆驿站，加强西北与内地的交通往来，以便及时支援前线。

至元十三年（1276）秋，驻守阿力麻里的宗王昔里吉、脱黑帖木儿、玉木忽儿、灭里帖木儿等人发动反叛，劫持皇子那木罕与丞相安童，并宣布拥护海都，把那木罕交给忙哥帖木儿，把安童交给海都。同时，劝说察合台次子撒里蛮等宗王们参加反叛，共同进犯漠北西部，抄掠诸部，占领吉利吉思等地。窝阔台系宗王贵由之子禾忽乘机阻断元朝通向巴达黑伤山地域的交通驿路。

至元十四年（1277），叛王们从吉利吉思、谦州大本营南进，分道攻略和林及以东地区。同时，北边的斡亦剌部、应昌（今内蒙古阿巴哈纳尔旗茶南）的弘吉剌部及河西、六盘山等地也起兵反叛。忽必烈急忙派遣伯颜、阿术统蒙、汉诸军北征。九月，伯颜在鄂尔浑河上大败昔里吉军，收复和林。

至元十五年（1278），元军夺回江北地区的控制权，叛军被分别击溃。昔里吉被迫逃往阿尔泰山以北。

至元十七年（1280），金帐汗王忙哥帖木儿病死。翌年，脱脱蒙哥即汗位，释放了被拘质的那木罕。

至元十八年（1281），叛王们发生内乱，昔里吉杀脱黑帖木儿，撒里蛮俘获昔里吉并归降忽必烈。至元十九年（1282），昔里吉被忽必烈流放至海南岛。各叛王在伯颜大军的打击下知难自保，于至元二十年（1283）纷纷归降忽必烈。次年，那木罕、安童回朝。

昔里吉等诸王的叛乱，打乱了忽必烈平叛海都的部署，也破坏了元朝在西北地区的经营。在叛乱中，海都没有与之同盟，而是保存实力，静观叛军们牵制元军。随后，海都利用昔里吉叛乱之机，占领阿力麻里，骚扰天山南北。

为了抵御海都，忽必烈于至元十七年（1280）派出元军陆续开进西域，在畏吾儿境内设置北庭都护府，还设立了斡端宣慰使都元帅府。同时，遣八撒察里、朵鲁知等掌管别失八里、彰八里（今新疆昌吉）。随后，又命万户綦公直、李进分别率军进据别失八里一带，阿老瓦丁、也罕的斤、刘恩、兀浑察等分头屯驻于斡端、可失哈耳一带。

这时，海都联合窝阔台汗笃哇[1]共同对抗元廷。

平定昔里吉叛乱后，忽必烈命大将刘恩率军反击海都，被击退。此后，1285至1286年，笃哇和海都不断侵扰元朝边境，还攻略畏吾儿地区，攻陷彰八里、别失八里、火州和哈密立等重镇。其中，海都与元军战于马纳思河（今玛纳斯河），綦公直、李进等将领被俘；笃哇攻略火州后撤离，元军在畏吾儿之地加派了重兵驻守，海都退去。

至元二十六年（1289），由于战线过长，补给不足，元廷被迫放弃了斡端，“罢斡端宣慰使都元帅府”。

在西北藩王叛乱之时，忽必烈很担心东道诸王再起事端，于至元二十三年（1286）二月，下令设置东京行省，作为元廷在东北地区的最高行政机构，代替原来的山北辽东道、开元路等宣慰司，以加强对东道诸王的控制。

忽必烈的举措令“东路诸王多不自安”，于是，借着西道诸王反叛之风，也走上了叛乱之路。

东道诸王中，乃颜[2]的势力最为强大。他暗中与海都相通，于至元二十四年（1287）四月，联合哈撒儿系宗王势都儿、合赤

---

① 聂古伯死后，察合台的孙子不花帖木儿为察合台汗。不花帖木儿死后，在海都的支持下，八剌之子笃哇即汗位。

② 乃颜是成吉思汗幼弟斡赤斤的玄孙、塔察儿的孙子。斡赤斤的封地位于哈剌哈河流域中心的蒙古高原极东地区。塔察儿因拥戴忽必烈建功，得到忽必烈的恩宠，在辽东的势力日渐强大。

温系诸王哈丹秃鲁干等，举兵叛乱。海都应允率10万军队前来会合。

忽必烈急令伯颜继续驻守和林，阻断海都与乃颜的联系，防止海都东进，自己则率军亲征乃颜。

至元二十五年（1288），海都见东进受阻，便乘忽必烈亲征之时再度起兵犯边，大败元军于杭爱山，而后乘胜东进，和林宣慰使、同知、副使等望风投降，海都占领和林。

此时，73岁高龄的忽必烈已经率兵北征，命令东北各宣慰司，严禁其属民与乃颜来往，防止乃颜扩充实力、扩大战事。五月，元将不鲁合罕总探马赤军[①] 3000及五投下[②]部众先行东征，又命玉昔帖木儿的蒙古军、李庭芝汉军随行。乃颜没有料到忽必烈会亲征，而且进兵神速。

元军进至哈尔哈河，占领了乃颜的斡耳朵。乃颜军队溃败而逃，乃颜被忽必烈处死。此后，哈剌温山（今大兴安岭）附近的诸王火鲁火孙又发动叛乱，哈丹秃鲁干乘机与其联手，继续起兵

---

① 蒙古国时期，从各千户、百户和部落中拣选士兵，组成精锐部队，在野战和攻打城堡时充当先锋，战事结束后驻扎镇戍于被征服地区，称为探马赤军。

② 五投下军是蒙元王朝的重要武装集团。最初属扎剌亦儿部木华黎麾下，大蒙古国时期，五投下军首领往往与嗣封国王者相一致. 忽必烈迁都幽燕后，五投下探马赤军逐渐成为中央卫军的一部分，其统领权也从木华黎家族转属中央政府。

作乱，并两次进入高丽骚扰。对此，忽必烈给予严厉打击，到至元二十九年（1292），元廷彻底平息乃颜余部的叛乱，巩固了对辽东地区的统治。

平定东道诸王叛乱后，74 岁高龄的忽必烈再次亲征海都。海都闻讯急忙退走。元军夺回和林，命伯颜镇守。此后，双方展开时断时续的漠北争夺战，持续了 5 年之久。至元二十九年（1292），元军在玉昔帖木儿、土土哈等大将的指挥下，向海都发起强攻，将海都的势力逐出阿尔泰山之外，极大削弱了海都的实力，漠北局势基本稳定下来。

虽然忽必烈镇压叛乱，维护了国家的统一。但是，各宗王汗国依然向独立的道路上发展。

汉上繁华，江南人物，尚余宣政风流。绿窗朱户，十里烂银钩。一旦刀兵齐举，旌旗拥、百万貔貅。长驱入，歌楼舞榭，风卷落花愁。

——〔南宋〕徐君宝妻《满庭芳·汉上繁华》

天下甫定

至元十六年（1279），忽必烈消灭了南宋残余势力，将宋朝版图完全并入元帝国。由蒙古人建立的元朝从此成为统治中华大地的新帝国，这也是中国历史上第一个统一全中国的少数民族政权。

统一全国后，为了保持其统治地位、维护蒙古贵族集团的利益，忽必烈把全国各族人民划分为蒙古人、色目人、汉人、南人四个等级。蒙古人位居一等，是统治者，称为“自家骨肉”；色目人列二等，包括钦察、唐兀、秃八、阿速、畏吾儿、回回、乃蛮等；汉人是三等，又叫汉儿、乞塔、札忽歹，指淮河以北原金朝境内的汉族和契丹、女真等族，也包括较早被征服的云南、四川、高丽人在内；四等是南人，又叫蛮人、新附人，指最后被征服的原南宋境内的各族人民。

按照民族等级，各种人享受不同的政治待遇。在做官、司法和科举等各方面，蒙古人都享有最高地位，色目人次之，汉人、南人地位最低。这种民族等级制度，既激化了民族之间和阶级之间的矛盾，也阻碍了人才的发展。社会正义与公平，更是被人为地扭曲了。

但是忽必烈很清楚，蒙古需要借鉴汉法，才能提升自己的统治能力，才能统治这个以农业民族为主体的多民族国家。因此，忽必烈早在称汗前就采取了“以汉治汉”的统治方法，称汗后开始实施汉法，以填补蒙古旧制的制度空缺。

针对元朝统一全国以后，北方户籍混乱的问题，忽必烈借鉴金、宋的政治制度，设立行省制度，开始实行特殊的户籍制度[①]。同样，对于新政权来说，要想有效管理大动荡之后的社会，首先必须掌握现有的户口和土地数据。至元八年（1271），元朝廷开始对北方进行户口调查。

但是，在元朝建立后，忽必烈在制度建设方面再无进步。特别是李璮叛乱之后，忽必烈渐渐疏远儒臣，甚至废止了从唐、宋

① 元代户籍制度特殊而复杂。元朝政府把全国居民按照不同职业以及其他某些条件（如民族）划分成若干户计，统称“诸色户计”。诸色户计主要分为：军户；站户（在驿站系统服役的人户）；匠户；灶户（以煎盐为生的人户，又称盐户、亭户）；僧、道等宗教职业者；儒户（读书授徒的儒生）；打捕户、鹰房户；民户（一般的种田户）；此外，还有百工、技艺、医、运粮、水手、火佃、粕商、养老（“特赐养老一百户”：专门为贵族和功臣养老时服役的仆从）、乐、织、娼等户。诸色户一经入籍，就不许随意改动，往往世代相袭。

王朝延续下来的科举制度。尽管有汉官不断建议实行科举取士制度，但是，元廷对此总是议而不决。

只是在农业和经济发展方面，忽必烈继续实行汉法。例如，下令各地大力屯田、兴修水利，一时间全国各地，从中原到边疆，无地不屯。在这一过程中，许多民田被朝官夺去，变成官田，失去民田的民户被列为“屯户”，沦为失去土地、失去自由的佃户。此前，在消灭南宋时，元廷已经将宋朝官员和江南地主的田产没为官田，将宋、金贵族、官僚和军阀霸占的土地收为元廷的官田。

为扭转长期战乱所造成的残破局面，元朝政府设置劝农司，鼓励农业生产；还在各道设劝农使，负责推动各地农耕，促进生产。至元八年（1271）二月，改劝农司为司农司，专掌农桑水利。司农司还奉命搜罗古今农书，采集民间生产经验，结合实际，编成《农桑辑要》一书，于至元十年（1273）颁布全国，指导农业生产。

在新政的推动下，手工业和商业等得到充分发展。其中，丝织业、棉织业、陶瓷业、冶炼业和造船业都是元朝比较发达的行业。

为了防止“人心离散”，忽必烈针对长江中下游流域的襄、郢、东西淮之地因战争破坏而造成的土旷民寡的现状，下令免去南宋经制、总制等苛捐杂税一百多项，使这一地区的农业经济得以恢复和发展。此外，还在江南推广棉花种植，收效显著。同时，忽必烈注重完善粮仓制度，确保供养贵族官僚、军队和赈济灾民。

此外，大都城中官兵、百姓人口增加，粮食消耗量剧增，每年需要外调的粮食达200多万石，由于太湖流域是大都用粮的供应地，因此，解决南粮北运问题成为元朝的大事。这时的大运河因多年未曾疏浚，已经不具备大规模运粮的能力。为此，至元十九年（1282），忽必烈采用太傅、丞相伯颜的建议，派遣罗壁、朱清、张瑄负责开通海上漕运系统。朱清、张瑄本为海盗出身，熟知海道情况，针对黄海沿岸沙多滩浅的特点，制造平底海船60艘，开启了元朝海上漕运史。最初运粮4万多石，自平江（今江苏省昆山市）、刘家港（今江苏太仓浏河镇）入海，历时一个多月后到达成山（今山东省荣成市），再由成山沿内海西进，最终在海津镇（今天津）靠泊。此后又相继开通两条新航线，海上漕运的运载能力也随之增长，最多时一年可达350万石，运粮损耗也由最初的25%下降到1%。至元二十四年（1287），朝廷成立了行泉府司，“专掌海运”，又增置上海、福州二海运万户府。至元二十六年（1289），忽必烈采纳寿张县尹韩仲晖等人建议，开会通河以疏运河道。至元二十八年（1291），忽必烈又按照郭守敬设计的方案开凿了通惠河，使南北运河全面开通，江淮漕运可以一直驶入大都城。

水路的畅通促进了海上对外贸易的发展。为了适应海外贸易发展的需要，加强朝廷对外贸易的管控，沿用南宋制度，在主要港口设立市舶司。至元三十年（1293），元世祖忽必烈正式颁布《市舶则法》二十二条，对市舶司的职责范围、舶商出海手续、检查办法、抽分抽税比例、禁止出口的货物种类、外船、外商来元的处置办法等等，都做了详细的明文规定。随着海外交通空间的拓展繁荣，元朝的国际贸易已东达高丽、日本，南到印度和南洋各地，西南通阿拉伯、地中海东部，甚至远达东北非洲。频繁的贸易往来，也促进了国际人员交流。

中统元年（1260），威尼斯商人尼柯罗、马菲奥兄弟东行经商，并到达钦察汗国都城萨莱。中统三年（1262），由于钦察汗国与伊利汗国交战，归途险恶，迫使兄弟二人继续东行，至不花剌（今乌兹别克斯坦共和国布哈拉），留居约三年。后随旭烈兀的使者东行，约在至元二年（1265）夏抵大都。忽必烈接见了兄弟二人，通过他们了解了欧洲的情况，并委派他们为副使，带领蒙古使者一起出使罗马教廷，请教皇选派一百名懂教律、精通七艺的传教士东来。两年之后，尼柯罗、马菲奥兄弟携带尼柯罗之子马可·波罗陪同教皇格利戈里十世所派的两名传教士来蒙古复命。途中，两名教士畏难退缩，将教皇致忽必烈的书信和出使证交给尼柯罗等代为送达。三人于至元十二年（1275）抵达大都，开始了在元朝 17 年的侨居生活。元贞元年（1295），马可·波罗回国，返抵威尼斯。第二年，马可·波罗在参加威尼斯与热那亚的海战中被俘。在狱中，他讲述了游历东方的见闻，同狱的比萨人鲁思梯切诺记录，于大德二年（1298）完成，后通称《马可·波罗游记》。同年夏，马可·波罗获释回家，因曾游历东方而声名大著，并成为富翁。

《马可·波罗游记》对元朝的重大政治事件、典章制度以及各地自然、社会面貌做了基本上符合实际情况的描述。当时，元朝的驿站制度已经得到进一步完善与发展，至元二年（1265），忽必烈颁行了《立站赤[①]条例》，并大修诸地驰道，使传送紧急公文的马递，一日之内可行400千米。对此，《马可·波罗游记》中有这样的记载，当大汗的信使沿着任何一条驿道出发，在通往各个行省的每条驿道上，每隔四五十千米就有一个驿站。马可·波罗感叹这是一种“伟大的创举”。在文中，马可·波罗还记述了当时元大都的贸易发达和人口繁盛的状况：“我相信世界上没有哪个地方能聚集这么多的商人，比世界上的任何一个城市，更贵重、更有用和更奇特的商品都汇集到了这个城市里。”

然而，马可·波罗眼中的繁华世界远远不能满足忽必烈用于军事远征、各项建筑工程、公共事务等方面的巨额开支。而儒臣们提出“兴利不如除弊”，强调“利源不可启，以其一启而不可复塞也”的主张，让忽必烈无法在汉法中找到迅速暴富的方法。长期以来，蒙古贵族黩武、嗜利的需要，都是通过军事掠夺来满足的。在迫切而巨大的财政危机下，忽必烈只能另辟蹊径，以图尽快撬开财富之门。

---

① “站赤”是元朝对驿站的称呼。

东家西家罢来往，晴日深窗风雨响。

二眠蚕起食叶多，陌头桑树空枝柯。

新妇守箔女执筐，头发不梳一月忙。

三姑祭后今年好，满簇如云茧成早。

檐前缫车急作丝，又是夏税相催时。

——〔明〕高启《养蚕词》

搜刮无度

为了聚敛财富，忽必烈强调理财助国，重用回回人阿合马为理财大臣，敛财征利，提高财政收入。

阿合马是花剌子模纲纳客忒（今乌兹别克斯坦塔什干西南）人，智多善言，长袖善舞。初为忽必烈的察必皇后宫帐侍臣，中统三年（1262），被越级提升为领中书左右郎，兼诸路都转运使，专理财赋之事。

至元七年（1270）正月，忽必烈罢制国用使司，设尚书省。与前朝不同，此时的尚书省不是总理全国政务的机构，而是专管财赋的机构。尚书省不设尚书令和丞相，只设平章事。忽必烈以阿合马为平章尚书省事，张易、张惠为副职。

至元九年（1272）正月，忽必烈将尚书省并入中书省，行尚书省改为行中书省。在这一改制中，阿合马成为最大的受益者，他在尚书省并入中书省时夺得中书政柄。

阿合马当政近20年。他的理财措施主要是敛财措施。如要求炼铁行业每年上缴铁103.7万斤，再将铁铸锻农具20万件，用以换成粮食充公；整顿和增加盐、茶、商、酒醋等课税收入；对各地账籍进行“理算”，对各官府所有出纳财物进行清算、核查欺隐、追欠财赋。阿合马不仅征括财物，还擅权纳贿，大肆提拔子弟亲从，借机打击、迫害异己。

阿合马的政策激起朝中汉官的反对，他们指责阿合马牟取暴利、奸贪不法，指出其财政措施的弊端。但是，对于忽必烈来说，只要国库迅速充盈了，财政收入持续增长了，他就会继续支持阿合马等理财派。

不过，汉臣们的立场得到了皇太子真金的支持。

至元十年（1273）三月，忽必烈一改“忽里勒台”大会的选汗旧制，册立31岁的次子真金为皇太子，为皇位的唯一合法继承人。忽必烈的子孙后代从小深受汉族文化影响，真金等人自幼就师从姚枢、窦默等儒学大师，学习治国安民之道。所以，真金赞同汉儒们的主张，对阿合马的作为极其不满。

至元十六年（1279），真金受命开始参与政务。郭祐、何玮、徐琰、马绍、杨居宽等一批名儒随侍左右，为其僚佐，以辅国政。但是，皇太子真金无实权，而忽必烈对阿合马的敛财方式无异议，这使得阿合马更加有恃无恐、骄横跋扈。

至元十九年（1282）三月，忽必烈巡行上都[1]，阿合马留守大都。益都千户王著、高和尚等人，与元廷内一批高级官僚密谋，互为呼应，在东宫前诱杀了阿合马。事后，王著获刑被处死。

阿合马死后，蒙古人和礼霍孙出任右丞相，主持朝政。和礼霍孙主张以儒家思想治国，只是，在他当政短短两年时间里，元朝迅速陷入财政危机。因忽必烈在平定诸王叛乱的同时，又发动了对日本和东南亚的远征。

至元二十一年（1284）十一月，忽必烈罢和礼霍孙等人，以安童为中书省丞相，总制院使桑哥推荐的汉人卢世荣为右丞相打理财政；又以卢世荣推荐的史枢为左丞相，不鲁迷失海牙、撒的迷失并为参知政事、阿合马时代的户部尚书拜降为参议中书省事。阿合马专政期间，卢世荣通过行贿方式成为江西榷茶运使，升为右丞之后，制定了一系列财政改革措施，如：整治钞法，解除禁止百姓私下买卖金银的禁令，并对金银重新定价。卢世荣声称：

---

① 元朝实行两都制，大都为首都，上都为夏都。上都又名上京、滦京、滦都。每年夏历二三月至八九月，皇帝及随行大臣、后妃等均往上都处理政务和避暑，留居半年，所以上都被称“夏都”。元朝的主要机构在上都均有分衙或下属官署，上都仍是全国重要的政治中心。两都制的重要意义在于，上都北控大漠，联系蒙古诸王，也是当时国际交流的窗口。意大利威尼斯商人马可·波罗到中国，在上都受到忽必烈极高的待遇。著名的《马可·波罗游记》中就详细记述了上都的宫殿、寺院、宫廷礼仪、民情风俗。而大都南平燕蓟，统治中原大片土地，客观上使汉族中原文化与游牧民族文化获得了交融。

“立法当赋倍增，而民不扰。”他最初采取的措施，多利于民，诸如减免江南农民的租课，给内外官吏适当加俸，等等。

但是，为了增加财政收入，为了让忽必烈尽快见到自己的工作成效，卢世荣采取行业垄断方式以增加课税。将盐、酒官卖；官营海外贸易，实行垄断造船出海的做法，禁止私人泛海经商，拘其先所蓄宝货，官买之；禁止权势之家霸占铁矿，改由官府立炉鼓铸，造器具售卖；于泉、杭州立市舶都转运司，造船给本，令人商贩，官有其利七，商有其三。同时，在各都立市易司，设牙侩（经纪人），分取商人物货的四十分之一，再将这一分按四六分成，其中牙侩为四，六为官吏俸。卢世荣虽是汉人，但主张起用阿合马的同党，而且“恃委任之专，肆无忌惮”，又轻谩丞相安童，惹得朝中儒臣以及皇太子真金反对。因此，卢世荣上任4个月后，就遭到监察御史陈天祥的弹劾。忽必烈下令核查，在对质审问中，卢世荣被加上诸多罪名，因害公扰民等罪名被处死。

卢世荣死后不久，又发生了禅位风波。至元二十二年(1285)，南台御史曾封章上书：“帝春秋高，宜禅位于皇太子。”真金闻知此事甚为恐惧，御史台因此也就密章不发。真金自参与政务以来，坚持以“仁政”治国，得到“明于听断”的美誉。但是，支持真金仁政的多是儒臣，而守蒙古旧制之人和色目人都站在对立面，并寻机离间忽必烈父子，以搞垮皇太子真金。忽必烈听说有人要他提前让位，大发雷霆，吓得自幼就体弱多病的真金忧惧成疾，十二月病死。真金的死，令“汉法”派备受打击。早期忠诚于忽必烈的汉人幕僚许衡、姚枢等人都已经去世。一批后起儒臣，大多都聚集在真金左右，忽必烈的身边几乎没有受倚重的儒臣。至元二十三年（1286），耿直敢言的南人程钜夫，依然坚持奏书言事，建议忽必烈："兴建国学，乞遣使江南搜访遗逸；御史台、按察司，并宜参用南北之人。"忽必烈欣然采纳。

为了解决通货膨胀、"百物愈贵"的经济难题，至元二十四年（1287）闰二月，忽必烈再度将尚书省独立出来，起用"好言财利事"的藏人[①]桑哥，任命桑哥、铁木儿为平章政事，主持财政。接着，又升桑哥为尚书右丞相，并将六部及天下行省从中书省划归尚书省统辖。同时，为了制约蒙古、色目大臣权势扩张势头，忽必烈决定起用儒臣程钜夫为御史中丞，并派他到江南招募名儒，赵孟頫、叶李等二十余名儒士先后进入朝廷任职。

桑哥上任后，厉行"钩考"，核查钱谷。先从中书省下手以张声威，查出亏欠钞 4770 锭、昏钞 1345 锭。随后，桑哥在省部及各地大行"钩考"，即核查钱谷，设"征理司"，针对江淮、四川等六个行省的财赋进行理算，追征积年逃赋。派官吏到地方进行"钩考"，责偿亏、盗钱粮外，桑哥也趁机搜刮民脂民膏，逼取百姓。其中扬州、杭州两地被逼死者达 500 余人。桑哥钩考导致天下骚动，江南"盗贼"蜂起达数百处。为了整治钞制混乱的现象，桑哥更定钞法，发行"至元宝钞"新钞。旧钞按 5∶1 的比率换成

① 还有一说为畏吾儿人。

至元钞。新旧钞的兑换使得手中握有大量旧钞的汉人财富价值暴跌，他们愤怒至极。

另外，桑哥最重要的生财之法是增加课税。他将盐课每引由原来的 30 贯增为 1 锭；茶课每引由 5 贯增为 10 贯；酒醋税课江南增额 10 万锭，内地增加 20 万锭。商税方面更是大幅增收，江南地区由 15 万锭增至 25 万锭，内地由 5 万锭增至 25 万锭。如此横征暴敛，就是将沉重的负担加在民众身上。

桑哥执政期间，色目人的地位得到进一步提升。他说服忽必烈停止了反穆斯林运动，于至元二十六年（1289）建立了回回国子学。

桑哥在任四年，卖官鬻爵，肆无忌惮，专权跋扈。不但引起了汉人、南人朝臣的强烈批评，蒙古勋贵也对他的财富和权势忌恨交加。

至元二十八年（1291），忽必烈的近臣不忽木、彻里和御史中丞也先帖木儿等人控告桑哥奸贪误国害民。经御史台勘验辩论，桑哥服罪，忽必烈不得已诛杀桑哥以慰抚天下，并且撤废尚书省，政归中书省，起用完泽为中书右丞相，以深受儒学熏陶的康里人不忽木为平章政事，采取稳妥的安民政策，以缓解社会矛盾。

面对内部斗争不断，政治经济危机四伏的现状。忽必烈继续利用开疆拓土的方法，来维护和提高自己的尊严与权威。

古戍连山火，新城殷地笳。
九州犹虎豹，四海未桑麻。
天迥云垂草，江空雪覆沙。
野梅烧不尽，时见两三花。

——〔明〕刘基《古戍》

世祖远征

忽必烈时期，尽管宗王反叛此起彼伏，却并未影响元朝对外侵略扩张的步伐。为了满足蒙古人传统的扩张野心，提高自己的统治地位，忽必烈固执地放弃蒙古骑兵的优势，弃马登舟打海战，劳师远征陌生的海岛国家，先后五次分别入侵日本、缅甸、占城[①]、安南、爪哇等国。

元朝初期，忽必烈最先稳定的是与高丽王国的关系。早在1218年成吉思汗时期，高丽人民因无法忍受契丹人的抢掠骚扰，

① 越南的占城古国，位于今越南中部，占城属国包括旧州、乌丽、日丽、乌马、拔弄等15国。

与蒙军联手击溃了契丹人，与蒙古结为兄弟国。

随着蒙古势力强盛，对待高丽王国的态度也开始转变，不再认同兄弟国关系，而是将高丽人视同臣仆。高丽王国不服，以武力抵抗，曾给予蒙古人沉重打击，但是，最终还是没能抵挡蒙古人的攻势。从 1231 年窝阔台时期到 1259 年蒙哥汗时期，高丽王国数次抵抗又数次求和，曾被蒙古以“岁贡不入”为由数次入侵。直至 1259 年，高丽国王高宗遣太子王倎（后改名王植）为人质，以示与蒙古求和。

1260 年，高丽国王高宗去世，忽必烈送王植回国继位。其后，忽必烈进一步笼络高丽王室，将女儿嫁给王植之子——太子王堪。而高丽王室也借助元朝的力量巩固自己的统治地位。虽然名义上臣属于元朝，但是依然维持相对的独立现状。

忽必烈迫使高丽臣服之后，曾诏令日本向元朝纳贡臣服。

从至元三年（1266）到至元八年（1271），忽必烈先后五次派使臣劝谕日本遣使来朝，其中前两次未能抵达日本，后三次都遭到日本幕府“执权”北条时宗（1251—1284）的拒绝。

至元八年（1271），忽必烈下令在高丽设立屯田，准备以武力征服日本。至元十一年（1274）年初，忽必烈再命高丽制造大小战船 900 艘，并且征调工匠、民夫 3 万多人，设立征东元帅府，以忻都为都元帅、洪茶丘为副元帅。

十月，一切准备就绪，忽必烈调集蒙古军、汉军[①]及高丽所征军25000人，乘900艘战船，从朝鲜半岛南端出发，攻陷了日本对马和壹岐，后在北九州博多湾登陆。面对久经沙场的元军，日本军队不堪一击。当时，日军的作战方法还是武士骑着马，一对一单兵出战的方式，应对元军的集团作战，导致日本军队节节败退。

不料，天有不测风云。天黑之后，元军回船休息之际，突然间暴风骤雨忽至，元军兵船多数沉没，损失惨重，余部只能匆忙撤退。这一年是日本龟山天皇文永十一年，因此，日本历史称此战为“文永之役”。

至元十二年（1275），忽必烈再派使臣、礼部侍郎杜世忠等出使日本，要求臣服。日本幕府“执权”北条时宗斩杀了元朝来使，

---

① 元朝建国后，大量军队镇戍各地，军户的情况也不断变化。原来以掠夺为职业的蒙古军和北方汉军，长期屯驻在固定的地区，平时不外出作战时，便在驻地进行屯田，各地军民屯田数约有20万顷。这些蒙古军士每逢军役要自备鞍马、行装，只得变卖田产，甚至卖妻子。他们长途跋涉，到达戍所，戍者未归，代者又要出发，军官又乘机敲诈盘剥，因而困苦日甚。汉人富户，多逃避军役，由贫困的下户充当。蒙古军原来以营为家，外出作战，家属设奥鲁（原意为老小营）官管领。元朝建国后，蒙、汉在各地戍守。忽必烈曾多次下令罢设奥鲁，由各路府、州县官兼管诸军设奥鲁事。蒙古旧制，军士鞍马器械等需用均须自备。因此，所谓诸军设奥鲁也为各军提供军需、管理辎重等事。各地长官兼管设奥鲁，向军户恣意勒索，他们在军官之外，又多一重剥削对象。

表示拒绝；同时，命令加强长门、周防、安艺等要塞的警戒。

忽必烈在派出使臣的同时也着手准备再度入侵日本，一面迫使高丽承担制造战船、兵械差役，一面下令扬州、湖南、赣州、泉州四地制造战船 600 只。至元十七年（1280）五月，忽必烈召范文虎至大都，商议起用“新附军”[①] 侵日计划。不久，又下诏招募征日士兵。

至元十八年（1281）正月，忽必烈决定再征日本，在高丽特设征东行省（亦称日本行省），主持征日大计。命行省右丞相阿剌罕、右丞范文虎、左丞李庭等率领新附军及应募江南士兵 10 万人，行省右丞忻都、洪茶丘及都元帅金方庆领蒙古军、汉军及高丽军 4 万人，兵分两路进攻日本。

五月，忻都、洪茶丘率东路军 10 万人，从朝鲜半岛高丽合浦出兵，经对马岛攻入北九州的博多湾。日本军经前次与蒙古作战已总结了经验，在箱崎、今津等处沿岸构筑防御工事，并以精锐部队进驻志贺岛。在日本军队防守严密的情况下，元军未能实现登陆，退至鹰岛。七月，范文虎率南路军 10 万人，从宁波出发，航行到北九州海面。月末，两路大军会合，准备发动总攻。

谁料，八月初一日夜，一场巨大的台风再次袭来。元朝将领完全不了解海洋气候，面对突如其来的台风，眼看着战舰彼此相

① 在元朝灭南宋战争中，南宋将领带所统军队投降元朝，被称为“新附军”。

连，却难以挪动，又舰船摇撼、相互击撞，导致元军“呼溺死海中如麻”。范文虎等人择好船逃归，弃士卒10余万于岛上。日本守军乘机大举进攻，元军惨败，14万出征军幸运逃回者只有不足3万人，4000艘船只半数沉没，军储粮秣及弓箭武器全部丧失。此役发生在日本后宇多天皇弘安四年，因此，日本历史称之为“弘安之役”。

征战日本以失败告终，但是，忽必烈并未就此终止远征行程。他又把目标瞄上了安南国和占城。

至元十七年（1280）二月，占城国王保宝旦拏啰耶遣使贡献宝物、犀象，且奉表降。次年十月，忽必烈立占城为行中书省，以唆都为右丞、刘深为左丞、也黑迷失为参知政事，准备以占城为基地，征服南洋诸国。忽必烈当年称汗时，曾对邻国安南采取和平策略，此时却要安南国臣服，被安南国王拒绝。于是，至元十八年（1281），元朝成立了安南宣慰司，准备征服安南国。

至元十九年（1282）六月，忽必烈以占城“既服复叛”、扣留元朝海外使臣为由，遣占城行省右丞唆都统率淮、浙、福建、湖广军5000人，海船百艘，战船250艘，从广州出发，航海至占城港（今越南归仁港），依海岸屯驻。占城国王亲自率军修木城，架回回三梢炮百余座，抵御元军。至元二十年（1283）正月十五，元军猛攻木城，占城军败，国王逃入山中。元军乘胜进兵大州，占城国王闻讯求降。元军要求占城国王亲自来营中纳降。

占城国王依然不肯轻易就范，一面派国舅宝脱秃花为使节应付唆都，设计诱骗元军，一面在元军所在的大州西北雅侯山立寨，设下伏兵。随后，元军深入雅侯山，占城军截其归路，元军殊死突围，才得以还营。至元二十一年（1284）三月，唆都奉命撤军北上，协助脱欢进攻安南，占城之役元军无功而返。

至元二十年（1283），忽必烈以借道进攻占城为由，派其子镇南王脱欢为统帅，率军向安南进军。经过一路与安南军血战，元军占领开龙（亦名大罗城，今河内），继续向南入侵。唆都军奉命北上进入安南境，与脱欢形成南北夹击之势，包围安南主力。

元军虽然在攻势上占据了主动，但是，北方军士不适应当地酷热多雨的气候，热带疾病很快在元军中流行。同时，安南军不断增多，从四面八方发起反攻，脱欢不得不退出安南，唆都战死。

至元二十四年（1287），忽必烈又令脱欢第二次出征安南，同样无功而返。

在征战安南的同时，元朝与缅甸之间也发生了战争。至元十年（1273），忽必烈派勘马拉史里、奇得脱因等出使缅甸，要求缅王派遣王室子弟或显贵大臣来京朝贡。结果，两位使者一去未回，据缅甸史籍记载，两人因为晋见缅王时不肯脱马靴而被处死了。

此后，双方发生了数次战争。直至至元二十六年（1289），缅王立普哇拿阿迪提牙才向元朝纳贡称臣。同年，安南国王和占城国王担心无休止的战争带来更大的伤亡和损失，也开始向元朝朝贡。

忽必烈的最后一次扩张远征，是入侵爪哇。

当时，爪哇在南海诸国中势力较强，曾与宋朝保持着密切的贸易往来。忽必烈把爪哇看作元朝征战南洋的敲门砖。

从至元十六年（1279）至至元二十三年（1286），忽必烈先后五次遣使至爪哇，要求爪哇臣服，爪哇只是回派使节表示通好。在第五次，忽必烈要求爪哇国王亲自来大都朝觐，遭到对方拒绝。

至元二十六年（1289），忽必烈又派使臣赴爪哇，要求爪哇国王亲自来大都朝觐。这回，爪哇国王将元朝使臣孟琪黥面[①]送回。忽必烈大怒，并以此为由，发动了南征爪哇的战争。

至元二十九年（1292）二月，忽必烈任命史弼、高兴、亦黑米石为福建行省平章政事，率兵两万，战船千艘，备一年军粮，开始越洋远征爪哇。

至元三十年（1293），元军由泉州抵达爪哇，正值爪哇内乱，爪哇国王哈里葛达那加剌被杀，驸马拉登·韦查耶积聚力量伺机反攻。元军的到来给了拉登·韦查耶以希望，他先假意投降，利用元军为哈里葛达那加剌报了仇，扫除内部叛乱后，拉登·韦查耶又对元军发动奇袭。元军在为拉登·韦查耶复仇的战争中已经疲惫不堪，面对突然袭击，只得且战且退，官兵战死 3000 多人，最终被迫于四月登舟回国。

就这样，忽必烈晚年发动的数次毫无功效的远征，都以失败

① 黥是一种肉刑，即在脸上刺字或刻记号并涂黑，以示对罪犯人格的羞辱。

而告终，为其保守、嗜利和黩武的个性付出了惨痛的代价。忽必烈并不愿意接受这个事实，可是，他已经没有机会重写历史。

暮年的忽必烈贪恋美食、醇酒，饱受肥胖和痛风之苦。至元三十一年（1294）正月，第五代蒙古大汗、元朝的建立者忽必烈在大都病逝，终年80岁，庙号“元世祖”，谥号“圣德神功文武皇帝”，蒙古语尊称“薛禅汗”。

金鱼玉带罗襕扣，皂盖朱幡列五侯。山河判断在俺笔尖头。得秋意，分破帝王忧。

——〔元〕伯颜《喜春来·金鱼玉带罗襕扣》

守成之君

忽必烈去世后，其孙子铁穆耳即位。

至元十年（1273），忽必烈依照汉制册立真金为皇太子，试图改革蒙古传统的汗位继承制度。然而，太子真金没等到即位就去世了，尔后，忽必烈没有再立继承人。

至元三十年（1293），也就是忽必烈临死前一年，才将皇太子旧印“皇太子宝”授予真金的幼子孛儿只斤·铁穆耳（1265—1307），并诏谕铁穆耳参与国政，命他领兵镇守漠北和林，显示“付以抚军之任”，示意将拟立孙子铁穆耳为皇位继承人。但是，忽必烈并未正式下诏立储。

忽必烈病危期间，意识到身后帝位继承问题或将引发蒙古贵族内部分歧。至元三十年（1293）十二月，忽必烈召重臣伯颜回朝，希望借其个人威望，稳住朝中百官。当时，伯颜驻守大同，担任平宋战争的主帅，以知枢密院事掌天下兵权。

果然，忽必烈去世后，皇位继承人的推立问题出现争执。当时，有资格争位的是真金的长子晋王甘麻剌与幼子铁穆耳。而孛儿只斤·甘麻剌（1262—1302）是忽必烈的长孙，久历边事，颇有军功，在诸王中不乏支持者，继承帝位也有充分的理由。但是，朝中手握军权的两位大臣——伯颜和玉昔帖木儿都支持铁穆耳。玉昔帖木儿是成吉思汗的“四杰”之一——博尔术的孙子，在平定诸王叛乱中屡立战功，而且“位望之崇，廷臣无出其右”。当时，忽必烈授予铁穆耳“皇太子宝”，就是因为玉昔帖木儿的建议。同时，铁穆耳的母亲、真金的妃子阔阔真可敦也倾向于铁穆耳。

至元三十一年（1294）四月，在蒙古诸王大臣集会上，多数宗亲大臣都推立铁穆耳为帝。为了弹压诸王中的反对者，伯颜握剑立于殿上，以确保铁穆耳顺利继位。四月十五日，铁穆耳在大都的大安阁正式登基，是为元成宗。

元成宗铁穆耳在位十三年（1294—1307），先后使用了元贞（1295－1297）、大德（1297－1307）两个年号。

铁穆耳即位后，强调实施“持盈唯和”的统治策略。停止了忽必烈生前再征安南的计划，释放安南国陪臣陶子奇回国，并遣使持诏抚恩，敦睦国交。

人事方面，铁穆耳基本保留了忽必烈晚年时期的原班人马，中书省仍由做事“小心畏慎”的完泽为右丞相，不忽木继任平章政事。同时，铁穆耳大肆封赏三公及拥立有功的重臣。以玉昔帖木儿为太师，兼御史大夫，知枢密佥事；拜伯颜为太傅，仍兼枢密院事加衔开府仪同三司，执掌军事；拜宣徽使兼枢密院事月赤察儿[①]为太保，执掌军事。当然，对诸王、公主、驸马、勋臣赏赐也没省减，甚至由于赏赐过度，以至于“向之所储，散之殆尽”，国库空虚，入不敷出。

在治国方面，铁穆耳遵守忽必烈的理政方针，坚持蒙汉合璧的政治制度，既重用色目官员，也起用儒臣与之相互牵制。同时，右丞相完泽凡事“处之以安静”，虽然不图进取，却使“天下享和平清静之乐余十五年”。历史上称这一时期为“守成之治”，元成宗铁穆耳亦被称为“守成之君”。作为守成之君，铁穆耳并非不作为。

在政治上，铁穆耳积极整顿吏治，约束权贵。即位的第二个月便下诏，命令各道廉访司及时追查转运司官员欺隐奸诈的案件，以防止管理财政的官员贪污中饱。同年十月，要求中书省约束属官，凡对公事敷衍塞责者处以笞刑。元贞元年（1295）七月，铁穆耳又下诏告诫全体官吏，再犯贪赃罪者罪加二等，从重处理。不久，又将对贪赃罪的处理改为罪加三等。十二月，下诏禁止诸王擅自干预地方行政。

为了缓和社会矛盾，减轻百姓负担，铁穆耳接受朝臣的建议，在经济上实行轻徭薄赋，免除历年积欠的赋税，设立义仓，赈济

---

① 月赤察儿，成吉思汗四杰之一博尔忽之孙，16岁时起在忽必烈身边当怯薛，后任宣徽使兼领尚膳院、光禄寺，因告发桑哥及协助郭守敬修惠通河立有大功，据说也曾以近侍之臣成为忽必烈的托孤大臣之一。

贫苦，下诏停止一切非急需的工程营建。元贞二年（1296），又要求权贵豪绅交纳所隐匿的江南田租，以减轻农民负担。大德二年（1298），因水旱成灾，下诏减免受灾郡县当年田租。同时三令五申，要求地方官员鼓励农桑，发展生产。

大德二年（1298），“雅重儒术”的蒙古人哈剌哈孙被任命为中书左丞相。在其影响下，大德六年（1302）六月，元廷在大都建立孔庙；同年，七道奉使宣抚官查处罢免了贪官污吏 18473 人，查出赃银 15865 锭，审理冤案 5176 件。大德八年（1304），铁穆耳体恤民情，下令减省刑罚，免除灾民差税 1—3 年。鉴于江南佃户田租过重，在过去减 3/10 的基础上再减 1/5，且永为定例。同时开放山场、河泊，任由百姓采捕。

但是，忽必烈时期创设了庞大的官僚机构，导致政府机构庞杂、臃肿不堪，耗费了大量的库财。铁穆耳即位后，又滥赏爵位，造成冗官现象日益严重。

在对外关系方面，大德二年（1298），元成宗拒绝了大臣用兵日本的建议。大德三年（1299），派江浙释教总统僧人宁一山出使日本，恢复了两国间的正常贸易和文化往来。不过，元成宗执政后期曾一度用兵西南，元军为此付出惨重的代价。

大德四年（1300）年末，元廷以缅甸国阿散哥也擅自废立元朝册立的国王为由，出兵征讨阿散哥也。云南行省平章政事薛超兀儿、左丞忙兀都鲁迷失等率军 1.2 万人，侵入缅甸国，围攻木连城，宗王阔阔出受命随行监军。元军围攻木连城达两个月。

大德五年（1301）二月，阿散哥也以金银礼物贿赂元军将领。宗王阔阔出、平章政事薛超兀儿、左丞忙兀都鲁迷失都接受了贿赂，于是元军以“天热瘴发”为理由撤军。

元军撤走后，阿散哥也兄弟立即入朝，纳贡请罪。元成宗免其罪，并承认了他们在缅甸国的统治权。

在进攻缅甸国的同时，元成宗还以阿散哥也与八百媳妇国①相通为由，派兵两万，与在云南、四川征调的军队会合，出征八百媳妇国。这次军事行动在朝中引起很大的争议，因为八百媳妇国乃荒蛮小夷，许多朝臣都认为“取之不足以为利，不取不足以为害”。但是，云南行省左丞刘深请征，丞相完泽给予支持，加之铁穆耳也想有个“开边”之功留名青史，所以坚持出征。

结果，刘深军进入云南后，沿途强索粮饷，强征丁夫马匹。同时，由于刘深驱赶湖南、湖北民夫20余万运输粮食辎重辗转于西南热带丛林，导致荆湖骚动，引发当地各族民众起兵反抗。

最终，刘深军被阻绝于深山雾谷之中，被迫放弃西进，中途折回。回途中又被金齿部（今镇西）土著阻杀，战死数千人。

在朝臣坚请下，铁穆耳诛杀刘深，改用刘国杰平定西南各族。其间，少数民族起义达13起，直到大德七年（1303）夏，西南地区才渐次安定。远征八百媳妇国的计划也不了了之。

---

① 八百媳妇国，位于今天的泰国北部清迈与缅甸东北部掸邦一带地区。据说，因为该国国王有妻八百多，各统一寨，所以被称为“八百媳妇国”。

远征西南虽然失败了，但是，元朝对西北地区的统治却颇有成效。

元贞二年（1296），海都、笃哇军内部分裂。宗王药木忽儿（阿里不哥子）、兀鲁思不花（蒙哥孙）等率领所部军1.2万人投靠元朝。为了庆祝此事，元朝将年号由“元贞”改为“大德”。

但是，海都和笃哇的威胁仍然存在。铁穆耳将漠北交付给叔父宁远王阔阔出，命其出镇漠北总军。大德二年（1298），阔阔出的边防军遭到笃哇的突袭，元军大败。翌年，元成宗改遣皇侄海山出镇漠北，取代阔阔出总兵北边。

当时在漠北地区，除了海山新率元军，还有晋王甘麻剌统领的漠北诸王所部军队。为了进一步加强对漠北的防守，铁穆耳又加派堂弟安西王阿难答北征，以增强对阵海都、笃哇的边防军力。同时，收缩畏吾儿地区的元军防线，以集中对付漠北。

大德五年（1301）秋，海都、笃哇向元军发起攻势。元军与海都、笃哇会战于阿尔泰山以东的铁坚古山。双方互有胜负，笃哇在作战中负伤，海都受伤后不久死去。

海都死后，大德七年（1303），笃哇扶立海都之子察八儿为窝阔台兀鲁思汗。不久，笃哇决定结束这场耗时耗力的战争，说服察八儿与他一道向元朝廷请和，双方达成了停战和约。随后，铁穆耳又联合笃哇、察八儿遣使到伊利汗、钦察汗王庭，与西北诸兀鲁思达成和解，平息了持续几十年的西北战乱，收获了其统治时期最大的军事和政治成就。

春空霭霭莫云低，

飞过山前雨一犁。

明日却寻归去路，

马蹄犹踏落花泥。

——〔元〕李俊民《雨后》

大都之变

元成宗铁穆耳执政期间，保证了元朝与漠北蒙古的和平，却没能保证宫廷内部的融洽。

大德九年（1305）六月，铁穆耳册立德寿为皇太子。德寿为皇后伯岳吾·卜鲁罕所生。大德九年（1305）十月，元成宗铁穆耳患病，不能临朝，卜鲁罕皇后乘机干预朝政，与中书省、枢密院里的许多回回大臣相互勾结。由于政见分歧，中书右丞相的哈剌哈孙与皇后、左丞相阿忽台渐生隔阂，在朝中逐渐分裂为两大集团。十二月，皇太子德寿突然病亡，病中的元成宗未再立皇太子。大德十一年（1307 年）正月初八，41 岁的元成宗铁穆耳病逝。

没有法定继承人，两大势力集团围绕帝位继承问题展开了激烈角逐。皇后卜鲁罕和左丞相阿忽台支持皈依伊斯兰教的安西王阿难答[1]继承皇位；中书右丞相哈剌哈孙等人支持怀定王海山及其同母弟弟爱育黎拔力八达。

阿难答与海山都手握重兵。海山长年总兵北边，在与西北藩王的战役中战功卓著，又是真金的孙子，颇得参战漠北的诸王将领的拥护。而海山的弟弟爱育黎拔力八达则雅重儒术，从元成宗朝起身边就聚集了一批汉人士大夫和倾心汉文化的蒙古、色目侍臣，被中原和南方汉族士人看成振兴文运的希望所在。

元成宗铁穆耳死后，海山兄弟都不在大都。海山镇守漠北，爱育黎拔力八达在封地怀州（今河南沁阳）。于是，安西王阿难答、左丞相阿忽台等力主皇后卜鲁罕称制，以阿难答辅之，为阿难答继位做好铺垫工作。同时，秘密遣人断北道，阻止海山南下。

按照蒙古旧俗，大汗死后，理应由皇后摄政，主持召开选立新汗的忽里勒台大会。但是，自忽必烈执政以来这种旧制已经被弱化，被元朝的中央集权官僚体制所替代，而此时控制这个官僚中枢的是右丞相哈剌哈孙。自从元成宗病重以来，哈剌哈孙也在实际上掌控着帝国卫军。因此，元成宗死后，哈剌哈孙立即秘密遣使漠北迎接海山，遣使怀州迎接爱育黎拔力八达，并且在大都收缴百官印信，令各机构无法行使职权，同时又自称生病，以拖

---

① 阿难答（1265—1307），忽必烈之孙、忽必烈第三子安西王忙哥剌之子，自幼信奉伊斯兰教。1280年承袭其父安西王爵位，统辖陕西、四川、甘肃、宁夏等地。

延时间，等候海山兄弟回朝。卜鲁罕皇后多次催促举行忽里勒台大会，哈剌哈孙都不予理睬。

大德十一年（1307）二月，爱育黎拔力八达与母亲率先抵达大都，镇守和林的海山因路途遥远尚未赶到。这时，卜鲁罕皇后已打算在三月初三日称制听政，并密谋拘禁这母子二人。

对此，爱育黎拔力八达并不想立刻行动，而是采取观望的方式，打算等海山带兵到京后再一起行事举兵。可是眼看着卜鲁罕发难的日期一天天临近，爱育黎拔力八达帐下的李孟等人按捺不住，反复以“临机不断”将遗祸天下劝谏，哈剌哈孙也劝他尽快动手，除去政敌。

终于，三月初二日，爱育黎拔力八达决意行动，带领武士从大都郊外寓所秘密进入禁中，将左丞相阿忽台、中政院使怯烈以及阿难答、卜鲁罕等 14 人拘捕，并以“变乱祖宗家法”的罪名，杀掉阿忽台、怯烈、阿难答，粉碎了卜鲁罕皇后称制和阿难答谋继大统的阴谋。

清除政敌、控制了政局之后，宗王阔阔出、牙忽都等人主张“以正位为宜”，敦请爱育黎拔力八达登基。但是，爱育黎拔力八达没有同意，因为他很清楚自己的实力不足以争位，于是仅以“监国”名义临时掌握政权，遣使迎接海山。

此时，海山已经明确表示要继承帝位，并且率领大军分三路南下，于五月到达上都，母子三人相会，并大会诸王。在忽里勒台大会上，海山被拥戴为皇帝，是为元武宗。卜鲁罕皇后被废，出居东安州，后被赐死。

海山在上都大安阁登基，颁布即位诏书。尊母亲弘吉剌氏为皇太后，弟弟爱育黎拔力八达因“平定内难”有功被立为皇太子，成为下一任皇位的合法继承人。

闲云生叶不生根，

常被重重蔽石门。

赖有风帘能扫荡，

满山晴日照乾坤。

——〔唐〕施肩吾《讽山云》

武宗时代

元武宗海山曾经“捍御边陲，勤劳十年”，麾下有一批追随多年的亲信。海山即位后，立即起用自己人为近臣，更换了元成宗晚年的宰执，导致朝廷中枢大臣几乎都是来自西北从征的蒙古、色目将领。

皇弟爱育黎拔力八达被封为皇太子不久，又兼领中书省、枢密院事。而支持其继承皇位的哈剌哈孙，却在两个月后被外放到和林去任行省左丞相，出镇北边。海山起用亲信干塔剌海、塔思布华分任中书右、左丞相。

海山是位只注重眼前利益的统治者，不仅任人唯亲，在对待贵族官僚的管理更是无原则地“溥从宽大”。为了巩固贵族官僚集团利益，海山对诸王、公主、后妃、勋臣给予巨额赏赐，其慷慨程度远胜于元成宗铁穆耳。等到无钱可赏时，海山就滥用名器，对权贵、亲信、近侍大臣们加官晋爵。

言及海山的用人和封赏，我们也顺便说说元朝的用人制度。元朝的官吏来源主要有三种渠道，即科举、世袭和推举。但是从忽必烈朝开始直至海山朝，也许是蒙古统治阶级担心儒士从政会威胁到自己的统治地位，因此，科举制度一直处于被废止状态，朝廷采用的是铨选制度作为民众入仕的途径，即通过朝廷主管部门的选拔，授予功勋子孙、吏官出身等人职位。

从忽必烈时期开始，元廷就规定，百官的任免一般都需进入中书省系统。对于职官升迁，从七品以下归属吏部管理，正七品以上属中书省管理，三品以上则由皇帝决定。其中，高级官位基本上被世袭的蒙古、色目贵族和少数汉族官僚垄断。

由于蒙古人始终坚持以军事为立国之本，在长期的对外扩张中，军事将领又一直占据重要地位，因此，官员中以怯薛出身最为显贵，但是这部分人毕竟是少数，绝大部分中、下级官员乃至少数高级官员，还是要从吏员中推举、选拔。久而久之，从“吏”到“官”的“吏官出职”途径逐渐被制度化。

吏职的升迁又有许多限制。不过，所有的限制只针对汉人，蒙古、色目官员不受限制。一般汉人，特别是“南人”很少能进入高级官僚的行列。大多数汉人、南人只能出任中、下层官僚，升迁到州、县官的位置就到头了。这使得大量人才由于报国无门而郁郁不得志，因此，在元代散曲中，人们常常听到一片哀鸿厌世之声。

在吏职中，地位最低的是收发、保管各种文书档案的“典吏”。上至都省、下至州县，各级行政机构及其直属的幕僚、职能部门，多设有员额不等的典吏。吏职中地位最高的是负责呈复、制作或检阅各种文书案牍的吏员，如“司吏”“令史”和“书吏”。

虽然吏职人员很难进入高级官职之列，但是，因为没有科举入仕的途径，众人只能遵循铨选制度走“由吏入仕”的从政之路，这也使得吏学成为社会上最热门的学问，“学习吏文，以求速进”更是一种时尚。

海山时期，对官员们滥加封授不仅破坏了铨选制度，也导致朝中冗官现象日趋严重。比起前朝，仅枢密院员额就是忽必烈时期的 5 倍之多，由海山降旨授官者更是多达 880 余人。

众多的“遥授”① 职衔，导致吏治紊乱。海山的近侍可以从皇帝那里直接要官，而且不通过中书省的任命就可自行到地方行事，致使政出多门、政事混乱。朝中所讨论的未决事宜，很快就泄露到民间。即使这样，海山仍然坚持实施“溥从宽大”政策。至大元年（1308）正月初一，下诏宽大处理关押在御史台的贪官污吏，仅追赃革职了事。针对财政困难问题，海山虽然答应对非急需的开支尽量缩减或缓办，却继续大修五台山华佛寺和行宫。

由于海山滥赐和挥霍，因此国家财政往往入不敷出。

当时，元朝廷每年的常赋岁钞为 400 万锭。海山即位后，短

---

① 授予官衔，而不需到任。

短数月就支出420万锭，还有100万锭的开支无处兑现。在财政严重亏空的情况下，中书省无奈，只好大量动用“钞本”，即发行纸币的储备金，导致钞法大坏，物重钞轻，物价飞涨，财政危机更加深重。

为了弥补财政亏空，朝廷决定预售盐引[①]。当时，盐课收入是元朝廷最重要的财赋来源之一，贩盐致富者甚多。元代诗人杨维桢在《盐商行》中描写道：

人生不愿万户侯，
但愿盐利淮西头。
人生不愿万金宅，
但愿盐商千料舶。

不言而喻，朝廷提高盐引标准，可以从中榨取丰厚的利益。所以一再提高，元人说：“经国之费，盐课为重。”

至大二年（1309）九月，武宗下诏恢复忽必烈时期的尚书省，专管财政。同时，以太傅乞台普济、脱脱虎分任右、左丞相，三宝奴、乐实为平章事。乐实是高丽人，曾任山东宣慰使，因盗库钞被解职，后因建议更改钞法再度被起用。

九月，尚书省开始了实施理财“新政”，试图通过货币改革解

① 古代官府在商人缴纳盐价和税款后，发给商人用以支领和运销食盐的凭证。

决通货膨胀问题，同时弥补日益增大的预算赤字。

首先，元廷正式颁行新造的“至大银钞”，导致旧币“至元钞”大为贬值。为了维持新钞的价值，朝廷下令禁止使用金、银，禁止私自买卖金银和运输金、银、铜钱、绵丝。同时，尚书省又请将中书省宣敕、用人权划归尚书省，得到武宗的批准。

次年正月，尚书省又发行“大元通宝”和“至大通宝”两种铜钱。尚书省又制定了新税课法，设立专门的征税机构，将诸色课[①]按新钞重新调整。为了鼓励各级税官多征税，根据税额多少评定税课官的等第。比如，把那些能够多增税九分，也就是多增收 90％税额的税官评为“最”，不到三分的定为“殿”，增三至七分的税官分别称为下酬、中酬、上酬。结果，各级官员敲骨吸髓、想方设法压榨百姓，增加税收。

经过尚书省的多方努力，朝廷的税收增加了。但是，纸钞发行过量、无限提高盐引标准的做法无异于饮鸩止渴，不但不能解除通货膨胀的压力，反而推高了物价。

对此，朝中汉官对尚书省的政策提出了强烈的批评。监察御史张养浩上呈《时政万言书》，针对朝政提出了尖锐批评，指出时政的十个弊端：赏赐太侈，刑禁太疏，名爵太轻，台纲太弱，土木太盛，号令太浮，幸门太多，风俗太靡，异端太横，取相之术

---

① 盐课、茶课、酒醋课、商税、市舶税等数十种税课，在元代统称诸色课。

太宽。张养浩的直言切中时弊，令武宗非常恼火，将张养浩罢官。

针对政治混乱和财政危机，武宗有限地减少了中书省、御史台、枢密院和通政院主要官员的数量，却无法带领元朝廷走出现实的困境。至大四年（1311 年）正月初九，海山病故于玉德殿，终年 31 岁，葬于起辇谷，庙号“武宗”，谥号“仁惠宣孝皇帝”，蒙古文谥号“曲律皇帝”。

云气苍茫沉远树，春心浩荡怯啼鹃。

忽晴又雨都无准，泥污吟衫亦懒湔。

——〔宋〕王镃《村中夜归》

延祐汉治

至大四年（1311），元武宗病逝，皇太子、皇弟爱育黎拔力八达即位，是为元仁宗。

孛儿只斤・爱育黎拔力八达（1285—1320）从 10 岁起就拜名儒太常少卿李孟为师，熟读汉文典籍，尤其倾心佛经。爱育黎拔力八达不事游猎，不喜征伐，不崇货利，后因宫廷斗争被贬怀州，李孟随行。

受李孟的影响，爱育黎拔力八达熟知儒术，重视人才培养。其藩府中聚集了陈颢、王结等多名汉儒，以及了解和认同汉文化的色目人、蒙古人。

至大四年（1311）正月初十，元武宗死后第二天，爱育黎拔力八达就以监国的身份宣布罢尚书省，下令停用武宗时滥发的铜钱、钞币，命百姓将其交到官府，换取原来的钞币。并以“变乱旧章，流毒百姓”的罪名铲除了武宗朝尚书省“蠹国乱政”的主要势力，罢免丞相脱虎脱、三宝奴、平章政事乐实、参知政事王署等人。重新起用有声望的老臣及著名的儒臣参与政务，如平章程鹏飞，右丞陈天祥、尚飞、刘正，左丞郝天挺，参知政事刘敏中、王思廉，廉访使程钜夫，杭州路达鲁花赤阿合马等人。还任命铁木迭儿为中书右丞相，以太子詹事完泽和李孟并为中书平章政事。

完成一系列政治调整之后，至大四年（1311）三月十八日，爱育黎拔力八达正式继承皇位，次年改元“皇庆”。

元仁宗是一位颇有汉文化底蕴、尊崇汉法的皇帝。即位后，强调以儒学“治天下”，“振纪纲，重名器”，力图改变武宗时期造成的财政困境、制度混乱的局面。准中书所奏，编纂律令、推行科举，逐步走上“以兴治道”的施政之旅。

至延祐三年（1316），《风宪宏纲》成书，这是一部关于纲纪、吏治的法典。成书之后，仁宗又命枢密院、御史台、翰林、国史、集贤院诸臣，根据元世祖忽必烈时期以来的条格、诏令和断例，加以厘正编纂，耗时 8 年，至 1323 年英宗朝才最后完成。

皇庆二年（1313）十一月，仁宗颁行科举诏，规定了考试的科目和录取标准，以《四书》设问、以朱熹《章句集注》为准，安排蒙古、色目、汉人、南人分卷考试，各录取 25 人；强调“举人宜以德性为首，试艺则以经术为先，词章次之”。凡年满 25 岁，有孝行、守信义、明经行修的士子都可报名考试。这件事在历史上称为“延祐复科”。此时距离蒙元灭金后废弃北方地区的科举已有 81 年、灭宋后废弃南方地区的科举也已有 36 年之久，汉族士人至此才重获正常的科举晋升途径。自蒙古人入主中原以来，由于统治者对南人的排挤，多专心自建书院或归入地方书院，招门徒、主讲学，令汉儒传统文化、教育制度依然在民间保持着兴盛和延续。同年，仁宗下诏对全国各地学校进行整顿[①]。

延祐元年（1314）八月，各省开始举行乡试。次年二月，各省乡贡进士135人聚在礼部举行会试，有56人考试合格。三月初七日，仁宗举行御试，分别赐予中选的56人进士及第、进士出身、同进士出身等身份。此后，元朝每三年举行一次科举，分为乡试、会试、殿试三级。

仁宗虽然恢复了科举制度，但是，仍然延续忽必烈制定的民族不平等政策，特别维护蒙古人和色目人的利益。乡试时，除分卷考试之外，蒙古人、色目人只考两场，而汉人和南人则需要考三场；殿试也有不同，发榜时，蒙古人、色目人为右榜，录取名额总是用不完，而汉人、南人为左榜，录取名额总是不够用。

不过，无论怎样，仁宗还是重用儒臣，并力行汉法。在当时中书省的官员中，汉人、南人的数量不仅比武宗、成宗时大大增

---

① 元代中央有国子学，地方有路、州、县学，后者可统称地方官学。学校的种类，除了儒学外，还有蒙古字学、医学、阴阳学、书院和社学（农闲学校）。学校大多建在城市或市镇中。其中，儒学均与先圣孔庙建在一起，所以人们常称儒学为庙学。此外，医学、蒙古字学、阴阳学也是庙学合一。所以，学校既是学习的地方，也是祭祀先贤的重要场所，更是文人经常聚会的地方。

加了，而且官位也有所上升。

在经济上，仁宗鼓励开渠灌溉农田，促进农业生产。在财税上，仁宗却是一筹莫展。即位初，仁宗罢至大银钞与铜钱，恢复印造和使用中统、至元旧钞，并解除了金银买卖的禁令。但是通货膨胀问题仍未解决，因为仁宗继续大量印钞。

另外，江南一带大量田地被富户、寺观所隐占，田籍混乱，“强者田多而税少，弱者产去而税存”，朝廷财政收入受到严重影响。延祐元年（1314），仁宗采纳中书平章政事章闾的建议，采用汉法，派人“经理”[①] 河南、江西、江浙等地漏隐田地，核实税收，并责令各投下、寺观、学校等从实纳税服役，史称“延祐经理”。

但是，由于官吏多与富豪勾结，三省百姓最终成为官吏暴敛的目标，以至于江西信丰县（今江西信丰）出现了撤屋夷墓以充顷亩的现象；江西赣州路（今江西赣州）还激起了大规模的武装起义。延祐二年（1315），仁宗被迫下诏：免除三省经理出来的隐瞒田土三年租税。延祐五年（1318）又下诏，河南所查出的不实田地每亩减半征收租税，发动武装起义的江西地区免新税。“经理”不成，仁宗又试图减少政府开支，削减冗官来缓解财政困难。但是，这些措施都未能制度化。而且，为了确保诸王的支持，仁宗对诸王的赏赐也未能停止，因此财政仍然紧张。

迫不得已，仁宗决定削弱蒙古诸王的行政权、司法权和经济

① 经理，即查实田产，追纳税粮。

权，以加强中央集权统治。延祐二年（1315），仁宗下令诸王封地的达鲁花赤[①]由中书省任命的“流官”[②] 担任，诸王只能任命副达鲁花赤。次年，仁宗再次取消诸王任命副达鲁花赤的权力。

仁宗的做法招致诸王和御史台的批评，指责仁宗违背了成吉思汗与兄弟们共享天下的约定，也破坏了忽必烈制定的制度。重压之下，延祐四年（1317）仁宗又取消了这一改革措施，恢复了旧制。

元仁宗爱育黎拔力八达号称忽必烈之后元代唯一的贤君，但是，守旧的蒙古贵族势力对他并不买账，代表人物首推仁宗的母亲和丞相铁木迭儿。

仁宗的母亲、皇太后答吉在政治上一贯保守，屡次训斥仁宗，反对推行汉制。右丞相铁木迭儿与皇太后沆瀣一气，深得皇太后宠信。早在武宗朝，铁木迭儿任云南行省左丞，擅离职守被问责，后因答吉皇后的庇护而免遭责罚。武宗死后，仁宗尚未登基之时，答吉就擅自下旨加封铁木迭儿为中书右丞相。仁宗是一位孝子，对母亲“终身不违颜色”，明知其决定不妥，也不推翻母后的决

---

① 达鲁花赤，蒙古和元朝的官名。最初，蒙古贵族征服其他民族和国家，无力单独进行统治，便委任当地豪强作为地方官；同时，派出达鲁花赤监督当地官员，掌握最后裁定权，以保障蒙古大汗和贵族的统治。入元后，各投下分邑达鲁花赤则由各诸王、驸马委派自己的陪臣充任。

② 朝廷派遣到地方的地方官。因为有一定的任期，而非世袭，有流动性，故称流官。

定，使得铁木迭儿一步登天跃居相位。

铁木迭儿倚仗皇太后的权势，有恃无恐，无恶不作，朝廷内外对他恨之入骨。延祐四年（1317）六月，中书平章政事萧拜住、御史中丞杨朵儿只等内外监察御史40余人联名弹劾铁木迭儿，列出铁木迭儿的累累罪行：擅自增赋，引起江西民变；收取杀人犯张弼贿钞5万贯，私放囚徒；取晋王田千余亩，受诸王合儿班答钞14万贯；受杭州永兴寺僧章自福赂金150两；任人唯亲，纵家奴凌虐官府；私家之富，已在阿合马、桑哥之上，等等。

仁宗见了奏章，大为震怒，下诏逮捕问罪。但是，答吉太后再度出面庇护，仁宗无奈何，仅免去铁木迭儿的宰相职务，并未追究其刑事责任。两年后，铁木迭儿又改头换面，以太子太师的身份重返政治舞台，地位更高，竟成了仁宗朝中最有权力的人。内外御史40余人再度上书。但由于有皇太后的竭力保护，始终不能明正其罪。围绕铁木迭儿的权力之争，仁宗与太后的关系变得紧张而微妙，仁宗在一次又一次的失利中愈显无力，即位之初的新政锐气逐渐消失。

仁宗统治末期，最关心的就是儿子硕德八剌将来能否顺利继承自己的皇位。回首当年，元武宗册立爱育黎拔力八达为皇太子时，双方曾约定“兄终弟及，叔侄相承”：武宗之后由仁宗继位，仁宗之后则应该再把皇位传给武宗之子和世㻋。可是，仁宗即位后，不想再遵守这个约定，想要册立自己的儿子硕德八剌为皇太子。延祐二年（1315）十一月，仁宗封武宗之子和世㻋为周王，调出京师，黜镇云南。另外，仁宗母答吉太后也有改立硕德八剌之意。原因是和世㻋“少时有英气”不好控制，而硕德八剌则“稍柔儒”。

延祐三年（1316）春，朝廷议建东宫时，右丞相铁木迭儿倡言立仁宗之子硕德八剌为皇太子。此言正合仁宗、皇后弘吉剌氏、答吉太后之意。于是，当年十二月，13 岁的硕德八剌被册封为太子。

延祐六年（1319）六月，为了巩固皇太子的地位，仁宗将原来隶属自己的东宫卫军左卫率府[①]万人划归皇太子硕德八剌。尔后，又将者连怯耶儿的万户组编的右卫率府拨给东宫。

次年，延祐七年（1320）正月，仁宗逝去，在位 9 年，终年 36 岁，死后追加庙号“仁宗”，谥号“圣文钦孝皇帝”，蒙古语谥号“普颜笃皇帝”或“巴颜图皇帝”。当年三月，17 岁的皇太子硕德八剌继承了帝位，是为元英宗。

---

① 后改中翊府，又改御临亲军、羽林亲军。

纸上烟云才欲扫，毫端风雨已先惊。

学诗恰似求仙术，待得成时彻骨清。

——〔宋〕王镃《和叶碧峰韵》

英宗新政

前面提到，铁木迭儿在皇太后的庇护下权倾朝野，又在皇位继承问题上支持了硕德八剌，令仁宗念其“功劳”而纵容，甚至幻想铁木迭儿日后能辅助年轻的英宗坐稳江山。

殊不知，仁宗死后第三天，铁木迭儿便被太皇太后答吉提升为右丞相，并将新皇帝控制在手中，权势达到近乎独裁的地步，把自己的族人和亲信委以要职，对从前弹劾过他的人肆意打击报复。但是，新皇帝元英宗孛儿只斤·硕德八剌（1304—1323）看似柔懦，内心却沉毅刚强；深受其父影响，思想上信服儒家学说，且有较高的汉文化素养。

即位伊始，朝中权力虽然都掌控在铁木迭儿和太皇太后答吉手里。但是，英宗硕德八剌作为一国之君，也不肯甘当傀儡。为了掌握政权，英宗积极安排自己人进入朝廷中枢机构，以便牵制后党势力。

延祐七年（1320）三月，英宗在大都正式继承帝位，次年改元“至治”。五月，年方17岁的英宗任命22岁的拜住为中书左丞相。拜住是木华黎后裔、忽必烈朝右丞相安童之孙，从小受过良好的儒学教育，也是蒙古人中最得儒臣支持的少年才俊，与英宗志同道合，主张“儒道治天下”。

至治二年（1322）秋，权相铁木迭儿、太皇太后答吉相继病死。英宗的政治压力顿时减轻，十月，英宗提拔拜住出任中书右丞相，左丞相虚位不设，以示信用。君臣联手，决心励精图治，进行一系列政治、经济改革，振兴祖业。

为了推行新政，英宗大力起用汉人官僚和士人，复用张珪为平章政事，返聘已经退休的老臣重返中书省议事，吴元珪、王约、韩从益、赵居信、吴澄、王结、宋本和韩镛等人都被召回朝廷，进入集贤、翰林院和六部任职。

同时，裁撤机构，罢免冗官，整顿吏治。至治二年（1322）十一月，英宗下诏减罢掌管皇太后所属事务官署的徽政院断事官，裁撤江淮财赋所属60余署，并督责各级官吏循典制法令，扭转政令不一的现象。

至治三年（1323）正月，英宗命儒臣继续完成仁宗时期开始的法令汇纂工作，后经拜住、完颜纳丹、曹伯启、曹元用等审核，定名为《大元通制》颁行天下。这部《大元通制》是元朝立国以来颁布的最完善的正式法典。

为了缓和阶级矛盾，至治三年（1323）四月，英宗下令推行“津助赋役法”。各地居民按资产多少拿出一定比例的田地作为助役田，以助役田产出的粮食，津贴其他赋役者。这样一来，农民只要交纳少量土地的粮食，就不用再服劳役，负担得以减轻，也减少了官员盘剥的机会。

为了保证农业生产顺利进行，英宗还体恤民情，下诏指示：需要抽调差役之时，先征“商贾末技[①]富实之家以优农力”。并减免部分地区、部分诸色户计的徭役。

显而易见，英宗的新政措施是利国利民的。不过，在施政过程中，英宗也毫不掩饰其喜好浮华和铺张的一面。英宗对佛教的热衷不亚于对儒学的热情，所以他最大的铺张就是对佛寺的施舍。

从成吉思汗以来，蒙古统治者主要信奉传统的萨满教，但是对其他各种宗教亦采取宽容态度。忽必烈时期，八思巴赢得了忽必烈的信任，被尊为国师、帝师。此后，吐蕃佛教（又称喇嘛教）也成为元朝地位最高的教派。元朝历代皇帝都给予喇嘛教僧人以特权和优惠，免役免税。武宗时期还规定，打骂藏僧者要处以截手断足的酷刑，而藏僧违法却可免于追究。皇帝对藏僧的赏赐更是成千累万，有增无减，国家为此耗费了巨额的财富。

在统治者的大力支持下，元朝各地原有的佛教寺庙纷纷进行维修、改建或重建。中原、江南地区出现了大量的喇嘛教寺庙，大都著名的寺庙有兴教寺、大护国仁王寺、大圣寿万安寺，上都有乾元寺、帝师寺等。另外，道教也不甘落后，大规模地改建、

① 这里指从事工商业的家庭。

重建、新建庙观。此外，回回寺或礼拜寺及基督教的十字寺（教堂）等遍布全国各地。

元朝统治者对宗教不加限制，宗教建筑无处不在，城市居民的宗教活动日益频繁。逢年过节，城市居民都要到寺庙中烧香参拜，观看或参加各种宗教典礼。逛庙会成为最热闹的民间活动。

英宗即位后，亲自造访山西的佛教圣山五台山。为了追荐先祖，英宗还命人书写金字藏经，下令各州为帝师、吐蕃高僧八思巴建立帝师殿，规模大于孔子庙。为此连上都的回回寺也被毁掉，改建成帝师殿。

英宗花费最大的工程是在大都西面的寿安山修造大昭孝寺。延祐七年（1320）九月，英宗下令在兜率寺的旧址上扩建寿安山寺，历时三年，动用役军 7000 人，为铸佛造寺冶铜 50 万斤，给钞千万贯。

然而，大肆兴建寺庙的英宗，并没有因此得到神灵的护佑。他的新政虽然利国利民，却极大地触犯了蒙古权贵、色目贵族的集团利益。其中，罢汰冗员触犯了他们的世袭特权；要求回回居民每户岁输包银 2 两的政策，更是剥夺了回回人免税的待遇。此外，英宗亲政后，为澄清吏治，大举清算太皇太后、铁木迭儿集团，触动了保守势力的利益。这一系列的举措让各方利益集团既恐惧又反对，最终为英宗带来了杀身之祸。

兽中刀枪多怒吼，

鸟遭罗弋尽哀鸣。

羔羊口在缘何事，

暗死屠门无一声。

——〔唐〕白居易《禽虫十二章》

南坡之变

至治三年（1323）八月初五日，元英宗硕德八剌结束了上都消夏避暑之旅，起程南还大都，夜晚驻跸于离出发地 30 里的南坡（今内蒙古正蓝旗东北）。当夜，一队神秘的刺客潜入营帐，将熟睡中的英宗杀死在卧床之上，一并被刺杀的还有右丞相拜住等人。这场突如其来的政治谋杀，史称“南坡之变”

可想而知，胆敢做出如此惊天大案的绝非等闲之辈。原来，刺杀英宗君臣的主谋是御史大夫铁失。铁失既是皇亲，又是英宗最宠信的大臣之一。在血缘关系上，铁失是元成宗铁穆耳的外孙，母亲是益里海涯公主，妹妹速哥八剌是英宗的皇后。凭借这些特殊身份，英宗对他一向信任有加。

至治元年（1321）三月，英宗提拔太医院使铁失兼任御史大夫，并授以军权，统领忠翊卫亲军都指挥使。十月，英宗亲祀太庙，以中书左丞相拜住为亚献[①]官，铁失为终献官。十一月，又命铁失兼领战斗力最强的左右阿速卫[②]。然而，这位手握侍卫亲军兵权的皇亲却是后党佞臣铁木迭儿的亲信，据说还是铁木迭儿的义子，最初英宗任命他为御史大夫也是经铁木迭儿推举的。

铁木迭儿死后，英宗、拜住对其余党进行了清洗，抓住刘夔献田贪污事件，大开杀戒。铁木迭儿父子及铁失都参与了这次贪污分赃，因此，事发后，当时还健在的铁木迭儿立即陷害、冤杀了揭发人监察御史观音保、锁咬儿哈的迷失。英宗亲政后，拜住重提此案，打击保守派政敌，铁木迭儿之子、宣政院使八里吉思因“受刘夔冒献田地伏诛”。刘夔、同佥宣政院事囊加台及所有参与贪污案件的主要成员均被处死，只有铁失因为是皇帝的姻亲而得到赦免。

至治三年（1323）六月，英宗又下令毁铁木迭儿碑，追夺其官爵；一个月后，又抄没铁木迭儿的家产。这些惩罚虽然加在铁木迭儿的家人身上，却也似不祥的阴影，笼盖着铁失以及铁木迭儿后党残余，令他们终日提心吊胆。

危难之际，铁木迭儿一派的残余分子都聚拢到铁失的周围，

---

① 举行祀典有三献之礼：初献、亚献和终献。此次因皇帝亲祀，故皇帝为初献官，亚献官和终献官则是皇帝宠信的朝官。

② 阿速卫是中央宿卫军队，既负责元朝两个都城大都和上都的安全以及“腹里”地区的屯守，又是朝廷用以“居重驭轻”的常备精锐部队，随时可以派出作战。左右阿速卫亲军都指挥使司，统领本卫亲军宿卫、警戒。

在政治上抱团取暖，设法自保。与此同时，那些因为新政损伤利益的宗亲权贵也与他们惺惺相惜，站在英宗的对立面。于是，铁失决定铤而走险，谋刺英宗。而年少单纯的英宗却从未怀疑过这位往来亲密的妻兄。

八月，铁失等人遣使秘密前往晋王也孙铁木儿处，转告他准备政变，事后将立他为帝位继承人。也孙铁木儿是真金长子晋王甘麻剌的儿子，当年甘麻剌与铁穆耳争夺皇位失败后，出镇漠北。也孙铁木儿袭晋王爵位，仍镇守漠北。此时，铁失等人已与也孙铁木儿的亲信大臣倒刺沙密谋，因此，也孙铁木儿对此事给予默许。

这次，直接参与谋杀英宗的主要反叛者共 16 人：知枢密院事也先帖木儿、大司农失秃儿、前平章政事赤斤铁木儿、前云南行省平章政事完者、铁木迭儿另一儿子锁南，以及五位蒙古宗王按梯不花、孛罗、月鲁帖木儿、曲律不花、兀鲁思不花等。此外，还有暗中支持、默许者。

从忽必烈建国起，蒙古宗王多数出镇地方、宗室外戚各居封地，对朝廷日常政务较少干预。而行使国家行政职能的中书省中的宰相等高级官僚，基本是由异姓贵族出任的，元朝因此出现了许多权臣。到仁宗和英宗统治时期，皇帝与多数蒙古诸王的关系已相当疏远。而为了加强皇室的权威，英宗在封王的问题上又开始严加控制，试图对诸王加以约束，这也是激发宗王们参与谋反的原因之一。

于是，在那个夏末初秋的夜晚，元英宗 21 岁的年轻生命就这样稀里糊涂地在睡梦之中被强行终止了。元英宗成为元朝历史上第一个遇刺身亡的皇帝。这个在位不过 4 年（1321—1323）的元朝皇帝庙号为“英宗”，谥号“睿圣文孝皇帝”，蒙语谥号“格坚皇帝”。

峰峦如聚，波涛如怒，山河表里潼关路。望西都，意踌躇。伤心秦汉经行处，宫阙万间都做了土。兴，百姓苦；亡，百姓苦。

——〔元〕张养浩《山坡羊·潼关怀古》

泰定蹙境

至治三年（1323）九月初四日，南坡之变中最大的赢家、31岁的孛儿只斤·也孙铁木儿（1276—1328）在漠北龙居河（怯绿连河，今克鲁伦河）即皇帝位，是为元泰定帝①。

为了稳定局势，也孙铁木儿在颁布即位诏书的同时，大赦天下，十恶中除杀祖父母、父母，妻妾杀夫不赦外，其余如谋反、大逆、奴婢杀主等罪概赦不问。此诏的目的显然也是为政变人员开脱。

由于也孙铁木儿当时还在漠北，元朝的两都仍在铁失等政变分子的掌控之中。为了收买人心、坐稳皇位，也孙铁木儿即位当天，就任命也先帖木儿②为中书省右丞相，铁失为知枢密院事，

① 由于在其后的帝位之争中，泰定帝之子阿迷吉八失败，取得胜利的人未追认泰定帝的谥号，因此他在元朝帝系里也没有庙号，后世史家便称其为泰定帝。

② 英宗被谋杀之后，诸王按梯不花、也先贴木儿奉皇帝玺绶至漠北。

亲信倒剌沙为中书平章政事。同时，将流徙边地及遣至远方的诸王官属等召还京城，以赢得更多宗王的支持。

尔后，蒙古宗王买奴建言说："不诛元凶，报杀先帝之仇，篡逆之罪无以洗刷，则陛下善名不著，天下后世何由而知陛下心？且受制于恶党，作他傀儡，如何了得！"于是，也孙铁木儿当即顿悟，决定铲除政变分子铁失等人。

十月，也孙铁木儿派遣买奴带领卫士至大都，以即位祭祀天地、祭告宗庙为名，秘密逮捕、诛杀了也先帖木儿、完者、锁南、秃满等政变分子。这时，铁失还在大都以重臣自居与也孙铁木儿派来的使节一起，为新皇帝即位告祭太庙。与此同时，也孙铁木儿任命近臣旭迈杰为中书右丞相，派他与御史大夫纽泽南下大都，主持政务。不久，旭迈杰等到达大都，假称封赏，诱捕、诛杀了铁失、失秃儿、赤斤铁木儿等政变党人，戮其子孙，籍没家产。

十一月，新皇帝也孙铁木儿抵达大都，继续清除政变逆党。十二月，下诏流放诸王月鲁铁木儿到云南，按梯不花到海南，曲律不花到黑龙江下游奴儿干，孛罗、兀鲁思不花也被流放。至此，政变逆党中的首要朝臣差不多均被诛杀，谋反宗王均被流放。也孙铁木儿终于可以稳坐皇位，指点江山了。

当月，诏改次年为"泰定元年"。任命拥立有功的倒剌沙为中书左丞相，又将铁木迭儿在世时所诬陷罢官的人一律平反昭雪。

然而，也孙铁木儿的江山并不太平。因为在中国古代，除了频繁不断的人祸，自然灾害更是常常是如影随形。在整个元朝历史当中，各种各样的自然灾害共发生 513 次[1]，而泰定年间（1324—1328）又是一个自然灾害频仍的时期。西北连年雨雹、地震；东南从浙东到苏北沿岸不断发生海溢；华北时而雨雹山崩，时而干旱蝗灾。灾情几乎遍及全国各地，严重程度也超过前朝。因天灾引起的饥馑成为朝廷难以解决的困难。虽然从忽必烈时期起，就采取各种措施赈灾救济，可是相对大批灾民来说，朝廷的救济只是杯水车薪。饥寒交迫之下，饥民聚众起义事件此起彼落。

纵然如此，也孙铁木儿还是希望在自己的统治下，元朝能够安泰稳定，其年号“泰定”也反映了这个愿望。

为了维护政权的稳定，也孙铁木儿派出信任的宗王镇守四方。实际上，元朝时很少有周边民族的反叛和外国的入侵，元朝是中国历史上极为少见的一个没有外患的朝代。

泰定元年（1324）三月，宗王八剌失里出镇察罕脑儿。六月，宗王阔阔出镇畏吾儿之地。随后，又命宗王失剌镇守北疆。为了加强对全国的控制，也孙铁木儿统治时期，出镇内地的宗王也比前朝有所增加，比如，以买奴为宣静王镇益都，以宽彻不花为威

---

① 据邓拓著《中国救荒史》一书统计，自秦汉至民国的自然灾害次数如下：秦汉 440 年间 375 次；魏晋 200 年间 304 次；南北朝 169 年间 315 次；隋朝 29 年间 22 次；唐朝 289 年间 493 次；宋朝 487 年间 874 次；元朝 163 年间 513 次；明朝 276 年间 1011 次；清朝 296 年间 1121 次。

顺王镇湖广，以阔阔不花为靖安王镇陕西等。这项举措强化了蒙古传统的分封制度，增加了诸王的权益。进而导致大批蒙古、色目军士进入中原各地驻防，他们的后代在内地落籍、定居各地都市。此前，在元朝初期，曾有大量的汉人被强制迁徙到漠北边疆。由此，在元朝形成了从边疆到内地、从城市到乡村全国各民族杂居的局面，这也是历朝历代前所未有的现象。

为了加强皇权统治，也孙铁木儿加强了对中书省要员的控制。泰定元年（1324）十月，下令左右丞相等要员，处理完日常事务之后，须到皇宫中与帝王相见，讨论国是政务。

同时，也孙铁木儿留用了一批英宗时期的儒臣，并未否定仁宗、英宗两朝实施的汉治改革。不过，这位在漠北长大的皇帝，完全不懂汉语，更未受过儒家教育。汉士儒臣在他的政府中受到任用，只是为了安慰汉族民众的情绪、增强朝廷的影响力而已。至于这些儒臣的建议，经常不被采纳。朝中重要官员大多数是也孙铁木儿从漠北带来的王府高官，主要是回回人和蒙古贵族。

泰定二年（1325）七月，也孙铁木儿下令：不允许汉人收藏和携带兵器。九月，又改革全国的行政区划，将全国分为 18 个道。

在财政方面，也孙铁木儿任用回回人管理财政。继续采用南粮北运的办法来平抑京畿物价，稳定市场。泰定三年（1326），朝廷再次修浚通州运河，提高漕运能力，创造了从直沽[1]运到京师海运粮 335 万石的最高纪录。

为增加政府财政收入，也孙铁木儿还实行招募富民入粟拜官的制度。即，捐献粮食 2000 石就可授予从七品官衔，捐粮千石可授正八品官衔，捐粮 500 石可授从八品官衔，捐粮 300 石可授正九品官衔。

然而，这些努力并未能够帮助克服泰定帝捉襟见肘的财政状况。因为也孙铁木儿对诸王百官仍然不改滥行赏赐的旧传统，并且动辄求神拜庙、大做佛事，耗费惊人。

放眼民间，水旱蝗灾连年不断，湖广、广西等地少数民族起义事件频发。虽然这些事件并未从根本上动摇元朝的政治统治，但是，来自统治集团内部不同派系的斗争却将元朝推向了崩溃的边缘。

① 今天津市狮子桥西侧的玉皇阁附近。

鹤立花边玉，莺啼树杪弦，喜沙鸥也解相留恋。一个动开锦川，一个啼残翠烟，一个飞上青天。诗句欲成时，满地云撩乱。

——〔元〕张养浩《庆东原·鹤立花边玉》

两都之战

泰定帝也孙铁木儿倚信旧臣，尤其宠信左丞相倒剌沙。由于倒剌沙的影响，朝中重臣多数为回回人，比如同知枢密院事马思忽，倒剌沙胞兄、同知枢密院事马某沙，中书平章兀伯都剌、伯颜察儿，甚至参与弑杀元英宗的阿散也因回回身份得以幸免，还升为御史中丞。回回人的权势和地位在这一时期达到鼎盛，他们不仅享有很多特权，还享受商业赋税方面的豁免权。

不过，以左丞相倒剌沙为首的新贵集团也不是没有政治对手。一股潜藏着的复仇势力一直在其身旁暗涌。这股复仇势力是由元武宗海山的旧臣集结而起，欲为武宗的后代谋夺帝位。

这时，当朝皇帝也孙铁木儿在登基几年后已经失去了政治热情，倾心于设坛诵经，增福延寿。从春至夏，留寓行宫，整日里流连酒色，不闻朝政。致和元年（1328）七月，泰定帝出猎柳林，偶感风寒，病情竟日甚一日，最终病死在上都，终年 36 岁，在位 5 年。

泰定帝死后，两股政治势力随即展开了一场元朝历史上前所未有的、残酷的、大规模的皇位争夺战，就此撕裂了元朝的统治秩序，将元朝推向崩溃的边缘。

回顾当年，元仁宗登基后毁约，远徙武宗海山的两子，将自己的儿子英宗扶上了皇位。海山的后人及旧臣对此一直耿耿于怀，妄图寻机报复。

泰定帝也孙铁木儿虽然不会说汉语，但是他也知道沿用中原王朝的继承制度，可以确保自己的儿子坐上皇位。于是，在泰定元年（1324）三月，册立年仅 4 岁的长子孛儿只斤阿速吉八（1320—?）为皇太子。

致和元年（1328）七月，泰定帝病故之际，中书左丞相倒刺沙、右丞相塔失铁木儿、辽王脱脱、梁王王禅以及御史大夫纽泽等人都在上都伴驾。而西安王阿刺忒纳失里和执掌兵权的佥枢密院事燕铁木儿则留守在大都。

半个月后，在倒刺沙和辽王脱脱等人的主持下，皇太子阿速吉八以储君名义与皇太后联名降旨，谕安百姓。当时，皇太子只有 8 岁，倒刺沙等权臣欺太子年幼，不立新君，以便擅权自恣。

八月初，留守大都的燕铁木儿发动政变，拥立武宗之子继承皇位，两都之间的帝位争夺战由此拉开了帷幕。

燕铁木儿是钦察人，其父床兀儿是元武宗海山最宠信的武将，一直在岭北带兵，燕铁木儿则以宿卫身份随驾南下。仁宗朝开始，武宗旧臣子女们的地位日衰，只有燕铁木儿才华出众，袭左卫亲军都指挥使，到泰定朝更升兼佥枢密院事。但是，身居高位的燕铁木儿却不能原谅元仁宗背约改立皇子的宿怨。

致和元年（1328）泰定帝患病时，燕铁木儿已经与武宗的近亲宗王满秃、阿马剌台、宗正札鲁忽赤阔阔出等人暗中筹划，要把帝位夺还给海山系。

七月，泰定帝在上都病死，留守大都的燕铁木儿直接掌握着左卫亲军以及由其同族统率的钦察卫侍卫亲军，而且身居“总环卫[①]事”的要职，有权调度卫护京畿的其他宿卫部队。这意味着，燕铁木儿已经控制了大都。

八月初四，燕铁木儿率阿剌铁木儿、孛伦赤等 17 名勇士，召集百官到大都的兴圣宫，明确表示拥立武宗之子为帝，“敢有不从者斩”。中书平章政事乌伯都剌、伯颜察儿抗词答辩，当即被拿下，左丞朵朵异议被当场砍倒，参知政事王士熙等人被投入狱中。

随后，燕铁木儿与阿剌忒纳失里共守内廷，查封府库，收掌百官符印，调宿卫军严守皇宫和京畿诸要害。同时，派河南行省参知政事明里董阿、前宣政使答里麻失里，驰驿江陵（今湖北江陵）迎接武宗次子怀王图帖睦尔入京。当时海山长子和世㻋远在西北，鞭长莫及，因此燕铁木儿乃遣使至江陵迎接图帖睦尔。

同时，推举前湖广行省左丞别不花为中书左丞相，詹事塔失海涯为平章，前湖广行省右丞速速为中书左丞，前陕西行省参政

---

① 环卫，指宫廷禁卫。

王不怜吉台为枢密副使，萧心古仍为通政院使，与右丞赵世延等分掌机务，并调兵守御关隘以防上都兵来。为了稳住局势，燕铁木儿谎称武宗海山的两个儿子图帖睦尔及和世㻋已先后启程，“旦夕即至”。

图帖睦尔是武宗海山的次子，与和世㻋是同父异母兄弟，在英宗即位时期，被流放于海南琼州，泰定帝时被召回京，封为怀王出镇江陵。

为了保证图帖睦尔及时平安回京，燕铁木儿密令河南行省平章政事伯颜① “简兵以备扈从”。伯颜 15 岁起就追随武宗，武宗当政时，曾历任吏部尚书、御史中丞、尚书平章政事。对燕铁木儿策划谋立之事，伯颜全力支持。

八月二十一日，宗王满秃与阿马剌台、宗正札鲁忽赤阔阔出等人正准备按计划捕杀在上都的泰定帝亲信大臣。不料，走漏消息，结果满秃等 18 人反被倒剌沙捕杀。同时，倒剌沙派诸王率兵南下，进攻大都，内战就此爆发。

此前，燕铁木儿已经征调卫兵入卫京师，又令州县造兵器，出府库犒军士。八月十七日，燕铁木儿派弟弟撒敦守居庸关，派儿子唐其势屯兵古北口，另又驻重兵于迁民镇，防备辽东兵来。

---

① 此伯颜与忽必烈时期的伯颜没有关系。后者是蒙古巴邻部人，于 1295 年去世。这里的伯颜是蒙古蔑儿乞部人，是元惠宗（史称元顺帝）时期的第一权臣。

八月二十二日，阿速卫指挥使脱脱木儿，贵赤卫指挥使脱迭先后率军自上都来附，燕铁木儿命其军守古北口，增强了大都方面的兵力。

八月二十九日，上都梁王王禅、太尉不花、丞相塔失铁术儿等率军进攻大都，攻破居庸关，进兵昌平。燕铁木儿亲自督军力战，收复居庸关，王禅单骑败走。

同日，丞相倒剌沙等在上都拥立9岁的皇太子阿速吉八登基，改元“天顺”。阿速吉八在位仅一个月，历史上称他为“天顺帝”。

此时，怀王图帖睦尔由伯颜扈从，经河南汴梁赶到大都，并于九月十三日在大都即皇帝位，改元“天历”，是为元文宗。图帖睦尔对手握重兵的兄长和世瑓心有顾忌，因此即位当天就表示，待兄长赶来大都即让出帝位。

接着，大都迎来天顺帝支持者的猛烈攻击，辽东平章图满迭儿、陕西靖安王阔阔不花起兵响应上都。就在两都兵马展开激战之时，十月十三日，镇守东北的蒙古军统帅不花帖木儿、宗王月鲁不花等率军支持大都，围攻上都。燕铁木儿等人率军大败上都兵。

十月十四日，左丞相倒剌沙“奉皇帝宝出降”，表示投降。上都的陷落，使天顺帝的支持者不战自溃。十一月，梁王王禅、辽王脱脱以及倒剌沙、纽泽等均被处死，天顺帝不知所终。陕西、四川、云南等行省也先后归附。两都之战以大都的胜利而告终。

当年铁马游沙漠，万里归来会二龙。

周氏君臣空守信，汉家兄弟不相容。

只知奉玺传三让，岂料游魂隔九重。

天上武皇亦洒泪，世间骨肉可相逢？

——〔元〕萨都剌《记事》

相煎何急

元文宗孛儿只斤·图帖睦尔（1304—1332）在燕铁木儿、伯颜等人的扶持下，成功击败了上都的天顺帝，夺得皇位，时年25岁。但是，图帖睦尔又表示即位只是为了安定人心军心，等到周王和世㻋到京立即让位。

在两都之战胜利后，文宗图帖睦尔对拥立有功之臣大加封赏。同时，派亲信哈散、撒迪前往漠北迎接皇兄周王。

天历二年（1329）正月二十七日，撒迪等人来到和世㻋行帐处，表示了文宗迎立之意。次日，和世㻋不等回都城，就迫不及待地将这个十年前就应该属于自己的皇权握在手中，在和宁之北即位，是为元明宗。

和世㻋是武宗海山的长子，也是正统的皇位继承人。但是，在皇位争夺战中，这些先天优势未起任何作用。此时的文宗已经即位三个月，那些在两都之战中立下战功的重臣们，已经掌握了朝中大权，如燕铁木儿升任中书右丞相兼枢密院事，统掌军政大权。三月，文宗图帖睦尔派遣右丞相燕铁木儿带着皇帝的玺宝北上迎接其兄，只是做个样子，是不得已而为之，并没真心打算让位。

而明宗和世㻋并不这么认为，他已经开始封赏自己的亲信，取消文宗的帝号，效仿父亲，封图帖睦尔为皇太子，并为其立詹事院，重制皇太子玺印。对于燕铁木儿，明宗表彰其功勋，拜为太师，仍命为中书右丞相，开府仪同三司、上柱国、录军国重事、监修国史、答剌罕、太平王，一切如文宗所封。

尔后，明宗决定起驾南还，回京师正式就位，在上都召集宗王、大臣，召开忽里勒台。此时的忽里勒台仅是一个形式而已。

八月初一日，明宗一行人抵达上都附近的旺忽察都（今河北张北县北），图帖睦尔以皇太子的身份迎至旺忽察都。第二天，图帖睦尔晋见明宗。接着，明宗大宴诸王、大臣。不料，八月初六日，30 岁的元明宗突然暴亡。初九日，燕铁木儿拥奉皇太子图帖睦尔返回上都。十五日，文宗图帖睦尔在上都再次登基即位，明年改元“至顺”。这次事变，史称“天历之变。”

显然，明宗的暴死不是偶然事件，而是燕铁木儿与文宗图帖睦尔事先策划的结果。后来明宗的儿子即位时，称叔叔图帖睦尔“谋为不轨，使我皇考饮恨上宾”，并将文宗的牌位从太庙中撤除。当然，这是文宗死后发生的事了。不过，文宗在位时也做过一件类似的事情。即位之初，文宗宣布泰定帝属于篡位夺权，名分不正，故而不给其加庙号。

文宗再度即位的消息传到云南后，诸王秃坚等人大为不服，即与万户伯忽阿禾起兵，攻郡略县，战火迅速弥漫整个滇东北。为此，文宗先后调集四川、江浙、河南、江西、陕西、朵甘思、朵思麻等处军队，历经苦战，方才平定滇事。

经过两都之战和明宗暴亡等变故，元朝的上层政治斗争达到建元以来的巅峰时刻，虽然胜利者最终控制了龙庭、坐上龙椅，但沉重地打击了蒙古人和色目人，导致统治阶级人心离散，陷入前所未有的政治危机之中。由于文宗对政敌，特别是上都投降之后，对也孙铁木儿后人、支持者的血腥清洗，使中央政府中已经没有了回回人的身影，只有少数几个人在行省任职。明宗暴亡后，更有一些蒙古朝官明哲保身称病辞职。终文宗一朝，汉人儒官和汉化的色目同僚，也未能在政府中生成影响力。相反，钦察人却因燕铁木儿的得势而成为元朝统治阶级中的主流群体。文宗复位后，燕铁木儿作为争夺帝位的重要功臣，得到了蒙古历史上前所未有的权力和荣誉。文宗对他的封赏从其祖辈开始：追封其曾祖父班都察为溧阳王，曾祖母为溧阳王夫人；祖父土土哈为升王，祖母为升王夫人；追封其父床兀儿为扬王，母也先帖妮、公主察吉儿为扬王夫人；并诏命礼部尚书马祖常在北郊制文立碑。而燕铁木儿本人则独居相位，尊享太师、太平王、答剌罕、录军国重事等 11 个头衔，还规定

“凡号令、刑名、选法、钱粮、造作一切中书政务，悉听总裁。诸王、驸马、近待人员，大小诸衙门官员人等，敢有隔越闻奏，以违制论”。

这一年，也就是天历二年（1329），燕铁木儿建立了钦察亲军都督府，后改大都督府。最高长官大都督统领左右钦察两卫、龙翊侍卫、东路蒙古军元帅府、哈剌鲁万户府等诸部侍卫军与地方戍军等 6 个卫军机构。其中 3 个是由燕铁木儿同族的钦察士兵组成的。这样，燕铁木儿总揽了朝廷的政治、军事、监察和文化机构的所有权力，可谓“一人之下，万人之上”。而这位钦察族的权臣，也“自秉大权以来，挟震主之威，肆意无忌”，燕铁木儿的儿子唐其势甚至扬言：“天下本我家之天下。”仅次于燕铁木儿的第二位权臣伯颜是燕铁木儿之外唯一兼任三职以上的人，直接控制着忠翊卫和宣毅万户两个卫军机构，而且长期任知枢密院事。另外，文宗还把忽必烈的曾孙女许配给伯颜为妻。

文宗在位期间，这两位权臣完全控制着朝廷政治。这一时期，山东、河南、陕西、浙江发生大面积旱、疫、蝗、水等自然灾害，社会经济遇到严重的困难。关陕地区“饥馑疾疫，民之流离死伤者十已七八”，饥民达 123 万人，河南府路饥民有 27000 余口，江浙北部诸路有饥民达 60 余万户。江浙的海运粮也连续几年无法征满旧额。

尽管自然灾害已经如此严重，可是到 1330 年时，文宗时期的苛捐杂税却比前两朝多了 20 倍。而且，即便如此重税，也还是满足不了文宗的佛事开销和对贵族官僚的巨额封赏。

为了争取贵族和权臣的支持，文宗的封赏力度比前几任皇帝有过之而无不及。即位之初，就将上都没收的财产分赐给有功的宗王和大臣，每年还以“岁赐”的名义赏赐大批财富。

几树好花闲白昼，数株残柳不胜春。

狂风落尽深红色，水远山长愁杀人。

——〔宋〕赵顺孙《建回吟》

“教化”弄人

元文宗图帖睦尔成长于汉地，自幼受儒学熏陶，其汉文化修养在元朝皇帝中无人能及。元文宗怡情词翰，他的书法得魏晋碑风，落笔过人，其绘画方面的造诣也颇深，传世的作品为一幅《相马图》。他还喜爱作诗，元末叶子奇《草木子》中就收录了元文宗的一首七律《自集庆路入正大统途中偶吟》：

穿了毡衫便著鞭，一钩残月柳梢边。

二三点露滴如雨，六七个星犹在天。

犬吠竹篱人过语，鸡鸣茅店客惊眠。

须臾捧出扶桑日，七十二峰都在前。

身怀如此深厚的汉文化底蕴，自然不免要发挥一下这方面的优势。于是，文宗建立了奎章阁学士院，并修撰了一部记述典章制度的重要巨著——《皇朝经世大典》。

奎章阁是大都皇宫内收藏文物书画、图书宝玩的殿阁，在兴圣殿西廊。天历二年（1329），文宗在此创建奎章阁学士院，专掌进讲经史之书，考察历代帝王之治。设大学士四员，下设侍书学士、承制学士、供奉学士各两员。以精通汉文化、学问深、声望高的朝官，即翰林学士承旨忽都鲁、都尔弥施、集贤大学士赵世延等人担任奎章阁大学士。

奎章阁又设置了授书郎和艺文监。授书郎的任务是“讲授经学”，文宗不仅自己亲自来听学士们讲解治国之道，还下令所有勋旧大臣贵戚子弟都要来此学习。艺文监负责刻印书籍的广成局和保管书籍的艺林库。随着这些文化机构的设置，文宗很快就将当时的名儒和文化艺术界的精英笼络到自己的周围，集聚在奎章阁学士院。

奎章阁学士院建立的当年，文宗就下令采辑本朝典故，仿效唐宋《会要》的体例，纂修资政巨作《经世大典》①。至顺二年（1331）五月成书。全书共880卷，包括目录12卷，附公牍1卷、纂修通议1卷。共分为10篇：其中有君事4篇，即帝号、帝训、帝制、帝系，别置蒙古局负责编修；臣事6篇，即治典、赋典、礼典、政典、宪典、工典等，各典复分若干目。这是元代一部重要的记述典章制度的巨著，此前，许多蒙文资料是禁止汉人接触的，通过这次纂修，它们也被翻译成了汉文。

---

① 全名《皇朝经世大典》，此书为明朝编撰元史各志提供了基本资料。虽然该书在1509—1605年散佚，但部分内容已收入明朝《永乐大典》。

另外，文宗十分重视教育。为了严格官学的考试制度，至顺元年（1330），文宗下令中书省、御史台、集贤院、奎章阁的官员共同主持对国子监学生的考试，合格者按考试成绩分等授官，不合格的留校读书，不得授予官职。

为表示对儒学的重视，至顺元年（1330），文宗亲自参加祭天的郊祀，成为历史上首位参加传统祭祀活动的元朝皇帝。

同时，文宗还沿用前朝褒扬圣贤的办法提高儒学地位。至顺元年（1330），闰七月，文宗下诏追封孔子的父亲齐公叔梁纥为启圣王，母鲁国太夫人颜氏为启圣王夫人，颜子兖国复圣公，曾子成国宗圣公，子思沂国述圣公，孟子邹国亚圣公，河南伯程颢豫国公，程颐洛国公。至顺三年（1332），文宗又追封孔子妻郓国夫人亓官氏为大成至圣文宣王夫人。

文宗每年还在宫廷内对孝子、守节之妇进行表彰。自1329年起，准许蒙古族和色目官员，仿照汉人习俗为父母守丧三年。至顺元年（1330），文宗还下诏劝阻汉人追随蒙古人和非儒家的习俗。

只是，文宗对佛教的崇尚，较以往帝王更加极端。文宗复位以后，总是于心不安，心心念念想着皈依佛教，洗清自己的罪孽，为此，他勤于礼佛，增修佛寺。从天历二年（1329）五月至至顺二年（1331）二月，文宗先后以朝廷名义做过9次佛事，次数和时间都创下元朝历史之最。上有所好，下必甚焉，全国各地官府举办的佛事也极其频繁。

文宗还创立了广教总管府，以掌僧尼之政，全国共设置 16 所，“秩正三品”，僧尼可免一切差徭。凭借文宗的崇信，一些僧徒依权恃势，为非作歹，甚至干预朝政。

文宗的文治提高了儒学、佛教的地位，却无法阻止元朝社会矛盾的进一步激化。从成宗时期起至泰定年间，元朝少数民族起义已经遍及南方、西南各省，到文宗统治时期，全国各地的起义呈现如火如荼、不可遏阻之势。仅海南地区，在三年中就连续发生了三次规模较大的起义。

尽管文宗强调以儒治政，常让学士们给自己讲述本朝祖宗明训，了解今昔治乱得失，也曾经辗转于江南、海南和荆湖等地考察民情。但是，元朝的政治腐败、国势衰败早已积重难返。几千年来，儒教从未拯救过历代汉族王朝的腐朽没落，又怎能帮助暮气沉沉的大元朝长治久安呢？

平山杨柳翠依微，

暖日游丝挂绿扉。

啼鸟不知江国变，

多情到处劝人归。

——〔元〕伯颜《北山》

风水轮流转

“皇帝轮流做，明年到我家。”至顺三年（1332），元朝皇位的“风水”又开始转动。八月，执政5年的文宗在上都病死，终年28岁，庙号“文宗”，谥号“圣明元孝皇帝”，蒙语谥号“札牙笃皇帝”。

文宗病危期间，由于追悔哥哥明宗的暴死而心神不安，于是遗命册立明宗的次子懿璘质班即位，试图弥补自己生前的罪过。

不过，文宗当年复位时可不是这么想的。至顺元年（1330），文宗打算传位给自己的皇子，先封儿子阿剌忒纳答剌为燕王，此前真金曾用过这个王号。同年，又把明宗的长子妥懽帖睦尔流放到高丽（今朝鲜半岛）的一个海岛上，明宗的次子孛儿只斤·懿璘质班当时只有5岁，被留在文宗身边。至顺二年（1331）正月，文宗册立燕王阿剌忒纳答剌为皇太子。不久，又把妥懽帖睦尔改迁到广西静江（今广西桂林）。

然而，人算不如天算。阿剌忒纳答剌仅做了一个多月的皇太子就暴病死去。文宗共有三个儿子，长子和幼子都夭折了，突如其来的不幸打乱了文宗的传位计划，也让他担心这是报应。随后，他决定将次子送出皇宫，寄养在权臣燕铁木儿家里，不再去想继承人的问题。次子古纳答剌迁居到燕铁木儿家后，改名燕帖古思，意为“融洽”。

至顺三年（1332）五月，正值英年的文宗去上都避暑时突然一病不起，拖到八月，就追随兄长明宗而死去。

同年十月，依据文宗遗诏，年仅7岁的明宗次子鄜王孛儿只斤·懿璘质班（1326－1332）在大都大明殿登上皇位，是为元宁宗。

其实，燕铁木儿是反对立明宗之子为帝的。文宗病危期间和死后，燕铁木儿曾多次提议拥立文宗次子、寄养在他家的燕帖古思为帝，但是，遭到文宗和皇后卜答失里的反对。

不过，这个懿璘质班也没福气，在位43天后就病死了。时年7岁，谥号为“冲圣嗣孝皇帝”，尊号为“宜林奇葆”，葬于起辇谷，庙号为“宁宗”。

宁宗死后，燕铁木儿再次提出立文宗次子为帝的要求，皇太后卜答失里却坚决反对，并命令中书右丞相阔里吉思南下广西静江去请明宗长子妥懽帖睦尔回京接位。

妥懽帖睦尔回到大都之后，就在宫中住了下来。当时，宫内、朝中为立帝之事争论十分尖锐。燕铁木儿心怀鬼胎，深恐明宗的儿子一朝为帝后，就会跟自己清算旧账，于是，想方设法阻止妥懽帖睦尔登基。

妥懽帖睦尔进宫后两个多月，一直没有举行即位大典。国家大事都由燕铁木儿主持，奏明太后批准后执行。不久，燕铁木儿因荒淫过度，体羸贫血而死。至顺四年（1333）六月，历经几度波折，13岁的孛儿只斤·妥懽帖睦尔（1320—1370）终于登上了皇座，是为元惠宗。十月，改至顺四年为元统元年。妥懽帖睦尔是元朝的最后一位皇帝。

对于宫廷政治来说，妥懽帖睦尔只是一个初来乍到的孩子，没什么根基。当时，皇太后卜答失里被尊为太皇太后，“仍称制临朝”，操纵着政局，册立燕帖古思为皇太子。

文宗时的功臣伯颜为太师、中书右丞相、监修国史，同时兼任奎章阁大学士，负责学士院、太史院和回回、汉人司天监的事务；燕铁木儿的弟弟撒敦为左丞相，并加号太傅；燕铁木儿之子唐其势为御史大夫。在太皇太后卜答失里的安排下，燕铁木儿的女儿答纳失里被册立为元惠宗的皇后。惠宗虽然不喜欢，却也只能从命。

文宗时期，燕铁木儿是第一权臣，伯颜位列第二。燕铁木儿死后，他的家族势力仍然遍布朝廷内外，加上与皇太子燕帖古思的特殊关系，其家族权势足以左右政局。但是，伯颜的权势和地位也在进一步提升，并跃居燕铁木儿的后裔之上，成为惠宗时期的第一权臣。

对这一变化，燕铁木儿的儿子唐其势很不满。元统三年（1335），中书左丞相撒敦病故，伯颜一人独揽朝政，唐其势心里更是气愤，声称："天下本我家天下也，伯颜何人，而位居吾上！"并酝酿一场政变，准备废惠宗、立燕帖古思、铲除伯颜。当时，撒敦的弟弟答里是知漠北行枢密院事，抚军和林，掌握重兵。唐其势与答里合谋，调集军队，起兵反叛。

元统三年（1335）六月的最后一天，唐其势伏兵东郊，自己率勇士闯入皇宫。却不知，政变早已走漏风声，伯颜与知枢密院事完者帖木儿、中书平章政事定住等人已设下埋伏，等待唐其势。果然，唐其势如期而至，刚进入紫禁城，就成了伯颜的囊中之物。

随后，唐其势与弟弟塔剌海被杀，答里举兵对抗，为伯颜所败，也被处死，参与政变的宗王晃火帖木儿自杀。七月，15 岁的惠宗皇后、唐其势之妹答纳失里因受牵连被赶出皇宫，幽禁于开平（今内蒙古正蓝旗东）的一家民舍里，不久被伯颜矫诏毒死。

经过这场政治搏杀，15 岁的惠宗报了杀父之仇，并开始亲掌政权。但是，这次政变也成就了伯颜。为了奖赏伯颜，惠宗赐其世袭"答剌罕"之号，又诏命其为大丞相，把持朝政，独专政柄。伯颜一系的势力迅速在朝中扩张。

百千万锭犹嫌少，

垛积金银北斗边。

可惜太师无运智，

不将些子到黄泉。

——〔元末明初〕陶宗仪《讥伯颜太师》

淫威震主

元统三年（1335）十一月，惠宗下诏改“元统”年号为“至元”，史称“后至元”。“至元”是元世祖忽必烈曾用过的年号，惠宗再次复用，以示重振祖业。先皇们留给惠宗的帝国虽然没有外患，却有无休无止的内忧。

由于天灾不断，加之苛捐杂税和繁重的徭役，致使元代的农业生产困难，社会经济停滞、衰敝。伴随而来的便是走投无路的贫苦百姓揭竿而起、造反起义。

元统元年（1333）十二月，广西爆发瑶民起义，起义的瑶民接连攻占湖南道州、广西全州、贺州等地。元朝调动了河南、江浙、江西、湖广的驻军，历时近一年，才将起义镇压下去。

元统二年（1334），湖广旱、河南旱，淮河涨水泛滥，淮安路山阳县等处民畜房舍多漂溺。八月末，京师大都一带发生大地震，鸡鸣山[1]崩陷为池，方圆百里死者众多。

元统三年（1335），山东陈马骡、新李起事暴动，被元兵镇压。同一年，黄河泛滥成灾，河决汴梁封丘，江西水灾。

为了震慑盗匪、稳定社会秩序，后至元二年（1336），惠宗下诏，盗牛马者如再犯将被判处死刑；盗驴、骡三次者，盗羊者犯三次以上者也都判处死刑。同年，安徽宿松地震山裂、甘肃秦州山崩。江浙大旱，从春天至秋天一直无雨，饥民多达40万户，元廷用于赈饥的粮食达10余万石、钞40万锭。

此时的伯颜家族完全取代了燕铁木儿家族的地位，仅得赐良田一项就达1万多顷。伯颜独揽朝廷大权，他的弟弟马札尔台也加官晋爵，出任御史大夫兼管高丽女真汉军和阿速卫亲军。不久，马札尔台又升为知枢密院事，掌握了更大的兵权。

面对越来越严重的社会动荡局势，手握权柄的伯颜不思变革、善治，反而强烈地固守着狭隘的民族心理，全力维护蒙古贵族的特殊利益和特权地位。

当时，元朝社会经过文宗的文治之后，懂儒学、学文化一度成为一种进步时尚。虽然文宗的文治仅停留在“以文饰治”的粗浅阶段，但是，毕竟对一些蒙古贵族、色目贵族产生了文化影响，有利于社会进步。

随着元朝统治阶级对汉文化的多方面提倡，一些蒙古人、色

[1] 位于今河北省张家口市怀来县西北洋河北岸。

目人在保留本民族风俗和爱好的同时，也开始学习汉文化，对诗词、书画产生了浓厚的兴趣，渐渐与汉人意气相投。同样，由于受到蒙古人、色目人地位的影响，一些汉人也在很多方面向他们学习、靠拢，比如，汉人采用蒙古名字，学习蒙古语，与蒙古人结婚，等等。这一切都有助于促进各个民族的相互融合、友好相处，有助于这个多民族国家的安定团结、和谐发展。

然而，顽固的贵族守旧势力却痛恨这种社会变化，因为这些变化必然触动旧贵族们在权力和利益的世袭垄断地位。因此，许多蒙古贵族权臣反对变革，要求恢复旧制，加强忽必烈时期制定的民族歧视制度。

权臣伯颜出身于蔑儿乞部，先辈曾是蒙哥的奴隶，父亲谨只儿，在仁宗时期总领太后兴圣宫宿卫。伯颜 15 岁时成为武宗海山的卫士，后来被海山授予“拔都儿”的称号，蒙古语意思是“勇士”。武宗当政时，伯颜曾历任吏部尚书、御史中丞、尚书平章政事。两都之战后，伯颜身价倍增、权倾朝野，至惠宗时期更成为元帝国中职衔最高的权臣，也成了蒙古贵族守旧势力的领袖人物。

伯颜府上，有一位西番[①]师婆畀畀。伯颜经常请她占卜吉凶、预测身后之事。畀畀说：他将死在南人手里。因此，伯颜从心里排斥，甚至仇视汉人和南人。

当时，中书平章政事彻里帖木儿提议，废除科举，建议把各

---

① 有两种说法：一种特指吐蕃；二指“西藩”，亦作“西番”，是对西域一带及西部边境地区的泛称。

处供应学校贡士的庄田田租改为禁卫军的军费，以解决财政不足问题。此议正合伯颜的心意，伯颜对惠宗说："陛下有太子，休教读汉人书，汉人读书好生欺负人。往时，我行有把马者，久不见，问之，云往应科举未回。我不料，科举都是这等人得了！"伯颜认为，汉人的科举制度与元初的铨选制度相矛盾，参加科举考试的都是低层人，这样的人通过科举选拔出来的官吏一定都是些赃官，无补于国家，所以力主废除科举制度。

在伯颜的怂恿下，元统三年（1335）十一月，惠宗颁布废除科举取士令，并且诏命各处将原供应学校贡士的庄田租改为禁卫军的军费。废除科举取士制度，不仅剥夺了汉人做官从政的机会，也封堵了那些普通的蒙古人和色目人的入仕之路。

后至元三年（1337）正月，广州增城县民朱光卿举行起义，石昆山、钟大明等人率众呼应，占领增城，建立"大金国"，改元"赤符"。

二月，河南汝宁府信阳州（今河南罗山）也爆发了棒胡[①]起义。棒胡通过组织佛教活动"烧香惑众"，陈州棒张、开州（今河南濮阳）辘轴李等起兵响应。起义民众迅速攻破归德府鹿邑（今河南鹿邑），焚陈州，随后在杏冈（今河南商丘东南）屯兵。四月，惠州归善县民聂秀卿、谭景山等私造军器，响应朱光卿，以宗教号召民众起义。

---

① 棒胡本名胡闰儿，因好使棒，人称"棒胡"。

特别是中原一带的反叛，使朝廷大为震惊，元廷迅速调集兵力平定叛乱。镇压了起义民众之后，伯颜对汉人痛恨不已，提出全面诛杀“张、王、刘、李、赵”五大姓的汉人，因为他认为汉人中这五个姓氏人数最多，如果都杀了，天下就可以太平了。但是，惠宗还没有糊涂到这一地步，并未同意伯颜这个疯狂的要求。

伯颜并未就此罢休。四月，伯颜下令：各省、院、台、部、宣慰司、廉访司及郡府幕官等官僚机构中，高级官员只许任用蒙古人、色目人。并且下令禁止汉人、南人学习蒙古语、色目文字；禁止汉人、南人执兵器和拥有马匹。根据伯颜的政策，地方官府还下令没收所有的铁制农具，并严禁演出汉人的传统戏剧、禁止说书。

伯颜仇视汉人的行为，在汉族官员中引起极大反感，在民间更激起了新一轮的起义浪潮。后至元四年（1338）六月，福建漳州（今福建漳州市）的李志甫，江西袁州（今江西宜春）的周子旺、彭莹玉相继起义。周子旺自称“周王”，起义人数最多时达5000余人。但是，这些起义都被元军陆续镇压。伯颜因平定叛乱有功，被加封“经元德上辅功臣”称号，并被赐予“七宝玉书龙虎金符”。

伯颜权势日盛，也越来越目中无人。在防范与压迫汉人、南人的同时，也开始排斥、打击蒙古统治集团内部的异己。

伯颜祖上本是蒙哥的奴隶，依照蒙古族的传统，伯颜家族应世代尊称蒙哥后裔为使长。当时，郯王彻彻秃是蒙哥后裔，立有军功，地位显赫，伯颜理应尊郯王彻彻秃为使长。

但是，位高权重的伯颜深以为耻，因为自己“为太师，位极人臣，岂容犹有使长耶”！于是，捏造罪名，诬陷彻彻秃、宣让王帖木儿不花、威顺王宽彻普化等蒙古故主心怀异志，企图谋反，奏请惠宗赐死彻彻秃。不等惠宗批准，伯颜就迫不及待地伪造圣旨，把郯王彻彻秃捆到和熙门外杀死，然后，又假传圣旨，把宣让王帖木儿不花和威顺王宽彻普化贬出京城。

此事过后，伯颜更加骄横恣意。他任命自己的死党燕者不花为诸卫军总领，安插自己的亲信担任惠宗身边的侍从，无论什么事都要向伯颜禀报。同时，伯颜大肆聚敛钱财，全国各地送往京城的贡赋，都直接送到伯颜家里。时人因此说：“天下贡赋多入伯颜家。”朝廷库府钱帛的进出花销，均需经过伯颜批准，惠宗也不能控制调用。朝中官员多出自其门下，每次上朝结束，一拥而退，朝廷为之一空。

伯颜权势熏灼，“天下之人惟知有伯颜而已”；惠宗不禁心生忌惮，再也无法坐视不理。这时，一位年轻人引起了惠宗的注意，那就是伯颜的侄子脱脱。

脱脱[1]（1314—1356），字大用，蒙古蔑儿乞部人。自幼寄养在伯颜家，少小时师从汉儒吴直方学习儒术。脱脱善书画，书法刚毅有力，画竹颇得妙趣。15 岁时，成为泰定帝皇太子阿速吉八

① 据《中国回族姓氏考证》中记载，脱脱为回族姓始祖。

的怯薛官；文宗朝先后任成制提举司达鲁花赤、内宰司丞、府正司丞和忠翊侍卫亲军都指挥使；惠宗即位后，升任同知枢密院事。协助伯颜击败唐其势政变后，脱脱升任御史中丞、虎贲亲军都指挥使、提调左阿速卫。与叔父伯颜的嚣张风格不同，脱脱并没有因位高权重而骄横，相反，还常常以此为忧、惕慎自律。

脱脱深知，伯颜挟权震主之威不可能长久，担心伯颜一旦倒台，自己同遭灭族之祸。于是，脱脱利用随侍惠宗左右之机，多次表白愿意忠君报国，大义灭亲亦不足惜，渐渐赢得了惠宗的信任。不久，惠宗的亲信世杰班、阿鲁二人与脱脱共谋铲除伯颜之策。

后至元六年（1340）年初，伯颜率领兵卫邀请惠宗到京郊柳林行宫打猎。在脱脱等人的劝说下，惠宗推辞不去，派太子燕帖古思代自己出猎，于是伯颜簇拥着太子赶往柳林。二月十五日，脱脱等人派出手下亲信宿卫军控制京师所有城门，把惠宗连夜转移到顺德殿。同时，召集省院大臣于午门外听令，命翰林院起草诏书，详细罗列伯颜的罪状，并连夜派人赴柳林将皇太子接回城中。

第二天，惠宗派平章政事只儿瓦歹赶到柳林，宣布诏书，历数伯颜之罪，将其贬为河南行省左丞相。并且表示只处罚伯颜一人，不牵连他人。伯颜统率的各卫亲军闻讯后，纷纷回到本卫，不再听从伯颜的指挥。伯颜被贬，回不了京城，只好奉命去河南赴任。三月，惠宗又将伯颜流放到南恩州阳春县安置。

伯颜羞愤交加，心情沮丧，流放途中病死在江西隆兴驿（今江西南昌市）。

通过这场政变，惠宗铲除了权臣伯颜，终于将皇权收归已有。朝野官民痛快不已，人们称此举为“拔去大憝，如剔朽蠹”。

帆归南浦潮回北，人散西桥斗转东。

乌鹊高飞惊远目，误疑天际有来鸿。

——〔宋〕赵肃远《中秋西桥饮酒和卢申之韵》

脱脱更化

铲除伯颜的行动，如同拨开了皇权天空中的阴云，惠宗终于可以在阳光下尽情地撒欢儿、随意地晾晒皇帝的心情了。

没有了往昔的权臣压制，新仇旧恨涌上心头，惠宗决定要报当年的弑父之仇，彻底剪除文宗系的异己势力。于是，颁发诏书，尽述从前武宗去世、仁宗违约之事，痛斥文宗毒杀兄长明宗。指令太常卿将文宗图帖睦尔的牌位从皇家宗庙中撤掉。又下令，削去卜答失里的太皇太后名号，贬置东安州（今河北廊坊市安次区）；将皇太子燕帖古思放逐高丽，以报自己当年被流放高丽之仇。太皇太后与儿子燕帖古思抱头痛哭而别。不久，卜答失里在东安州病逝，燕帖古思也在流放途中病死。

后至元六年（1340）十月，惠宗提拔脱脱出任中书右丞相。此前的半年里，即伯颜被驱逐后，惠宗起用脱脱的父亲马札儿台为太师、中书右丞相，脱脱为知枢密院事，也先帖木儿为御史大夫。但是，马札儿台只对经商敛财感兴趣，在任期间不是开酒馆就是开糟坊，或者贩卖食盐。怀抱一腔兴国之志的脱脱，不能忍受父亲的小市民做派，鼓动参政佛嘉问向惠宗告了一状，迫使马札儿台下台。

当时，年方20岁的惠宗图治心切，把大权交给立志报国的脱脱。脱脱就任后，大刀阔斧地推行了一系列的新政，史称“脱脱更化”。

首先脱脱纠正伯颜旧政，缓和社会矛盾，大兴文治。后至元六年（1340）十二月，恢复科举制度，以笼络汉族士大夫、消除民族隔阂，并对国子监的生员实施积分法，以鼓励学习。

另外，文宗死后，文人志士也四处散去，奎章阁无人关注。至正元年（1341），脱脱改奎章阁为宣文阁，不置学士，只设授书郎及监书博士，用作宫廷教育，负责翻译古籍、编撰史书等。同年，动员惠宗读圣贤书而开经筵①，遴选儒臣讲课。至正二年（1342），元朝廷恢复太庙四时②祭祀之礼，派遣官员前往曲阜致祭孔子。

经过此番制度改革，朝中儒臣又活跃起来，读五经四书，写大字，操琴弹古调，元廷再度掀起儒学的浪潮。然而，这浪潮卷起的却是一片浮华。科举制度恢复后，国子监生员也随之增加，入学的蒙古、回回、汉人生员已达3000余人。可是，这几千人多

---

① 为皇帝研读经史而举行的御前讲席。

② 四时，即一年中的四季，一时为一季。

数是纨绔子弟，不务学业，只知粉饰章句，成群结伙嬉戏玩乐，学员中流行嘲谑之风。学员每人享受五两钞伙食费，却常在茶店、酒店中吃霸王餐，餐饮之后不付钱就扬长而去。

至正元年（1341）年初，由于各地民众不堪统治阶级的压榨，饥民起义、暴民动乱四起，元朝廷下令：免天下税粮五分。然而，简单地减免一点税负已经无法抑制民众反抗元朝统治的怒火。

四月，湖南道州（今湖南道县）蒋丙起义，破江华等县。十一月，道州何仁甫继起响应。十二月，云南车里寒赛等起义。山东因旱大饥，饥民起义骚动达 300 多起。

为了减轻对民众的剥削、缓和社会矛盾，从至正二年（1342）起，元廷开始削减盐额。减免河间盐场余盐 3 万引，免两浙额盐 10 万引，福建余盐 3 万引。还解除伯颜制定的不许百姓养马的禁令。同年，大同饥荒，发生饥民相食的惨剧，朝廷急运京师粮赈之。

至正三年（1343），脱脱继续推行文治，主持修撰《辽史》《金史》《宋史》。以脱脱为都总裁官，以中书平章政事、康居人铁木儿塔识，中书右丞太平，御史中丞张起岩，翰林学士欧阳玄，侍御史吕思诚，翰林侍讲学士偈傒斯为总裁官，挑选包括汉人、畏吾儿、哈剌鲁、唐兀、钦察等族的史学家作为修史官。从四月起修史，至正四年（1344）三月完成《辽史》，十一月完成《金史》，至正五年（1345）十月完成《宋史》。

在实施新政的同时，脱脱也辅助惠宗调整统治集团内部的关系。比如，正式为郯王彻彻秃昭雪；诏还宣让王帖木儿不花、威顺王宽彻普化，返回各自封地；封功臣阿鲁图世袭广严平王；等等。这些措施对维护蒙古统治集团内部的团结发挥了一定的作用。

至正四年（1344）正月，脱脱着手整顿吏治，对地方官提出了新的要求，并创立六条标准。地方官的升降要以新六条标准为准则，制定了《守令黜陟之法》。要求地方官“六事备者升一等，四事备者一资，三事备者平迁，六事俱不备者降一等”。

自脱脱推行新政以来，广大汉族和少数民族知识分子因被重用而纷纷建言献策，惠宗也专心治国，配合新政裁减宫女、宦官，节省御膳、御装，并常在宣文阁与大臣商谈国事。朝廷上下振奋精神，积极纠正伯颜擅权时期的乱政，克服乱政造成的社会危机。脱脱也因为推行“更化”政策而被誉为“贤相”。

可是，新气象才刚刚出现，至正四年（1344）五月，脱脱就因病辞相。此后，惠宗先后任命阿鲁图、别儿怯不花、朵儿（木华黎六世孙）出任右丞相，怎奈这三位丞相的能力和威望都远不如脱脱。虽然仍在执行脱脱制定的改革措施，却未收到满意的效果。

实际上，元朝的统治已经病入膏肓，脱脱新政不过是一针强心剂，至多将元朝灭亡的时间向后拖延一点而已，并不能从根本上改变大元王朝的大厦将倾之势。

屋倒人离散，
风生水浪滔；
周围千里外，
多少尽居巢！

——〔元〕高志道《无题》

水旱连祸

脱脱辞相离朝后，博尔术四世孙阿鲁图继任右丞相，24 岁的惠宗并没有放弃励精图治之志，依然继续推行新政，指望实现“至正中兴”。然而，世道维艰，此后的 5 年里，惠宗的“中兴”并无奇迹。

至正四年（1344）五月，黄河决堤改道。黄河水在山东曹县向北冲决白茅堤、金堤（今河南兰考东北）。沿河数十州郡先遇水灾，后遭旱灾，灾民流离失所、生活凄惨。

诗人乃贤[①]在《颍州老翁歌》中写道：

① 乃贤（1309—?），一般指迺贤，元代文学家。世居北庭（今新疆吉木萨尔县境）西北。曾祖时随蒙古军东迁居南阳（今河南南阳市），后其兄塔海仲良入仕江浙，他随之迁居浙东鄞县（今宁波市鄞州区），以游览酬赠之作为多，也有反映民间疾苦的篇章。

河南年来数亢旱，赤地千里黄尘飞。

麦禾槁死粟不熟，长铲挂壁犁生衣。

至正五年（1345），河南一带又发生瘟疫，民死过半，到处是“田莱尽荒，蒿藜没人，狐兔之迹满道”的惨状。面对自然灾害，朝廷不断出钞、出粮赈灾。但是，此时元朝的阶级矛盾异常尖锐，正如诗人乃贤所描述的那样，“黄堂太守足宴寝，鞭扑百姓穷膏脂。聒天丝竹夜酣饮，阳阳不同民啼饥”。因此，各地的起义和来去无常的盗贼只增不减，农业经济几近停滞，饥民、荒民更是无处不在。

至正五年（1345）十月，惠宗下诏，“询民疾苦，疏涤冤滞，蠲除烦苛”，遣官奉使宣抚于天下，要求“民间一切兴利除害之事，悉听举行”，力图清除贪官污吏，缓解民间疾苦。其中，命江西行省左丞忽都不丁、吏部尚书何执礼巡两浙江东道；前云南行省右丞散散、将作院使王士弘巡江西福建道，大都路达鲁花赤拔实、江浙行省参知政事秦从德巡江南湖广道；吏部尚书定僧、宣政佥院魏景道巡河南江北道；资政院使查子、兵部尚书李献巡燕南山东道；兵部尚书不花、枢密院判官靳义巡河东陕西道；宣政院同知伯家奴、宣徽佥院王也速迭儿巡山北辽东道；荆湖北道宣慰使阿乞剌、两淮运使杜德远巡云南省；上都留守阿牙赤、陕西行省左丞王绅巡甘肃永昌道；大都留守答尔麻失里、河南行省参知政事王守诚巡四川省；前西台中丞定定、集贤侍讲学士苏天爵巡京畿道；平江路达鲁花赤左答纳失里、都水监贾惟贞巡海北海南广东道；等等。

但是，元朝的政治腐败已经相当严重，朝廷派出的多数诸道奉使都是昏官，与地方官互相掩蔽，唯有前西台中丞定定与湖广道的拔实尽职尽责，不徇私情。

至正六年（1346）四月，元廷颁行了继《大元通制》之后元朝的第三部法律——《至正条格》，希望通过完善的法律制度拯救陷入困境的元朝。但是，新的法律并不能整治元朝的政治腐败现象。风起云涌的人民反抗已经成为时代的主旋律。

山东、河南、广西等地人民揭竿而起。元廷在出兵镇压的同时，也努力安抚民心，闰十月下令：全国免赋税三分，水旱之地全免。十二月，山东、河南强盗四起，朝廷急令左、右阿速卫指挥不儿国征讨。这时，黄河再度决口。

至正七年（1347）正月，惠宗罢免了阿鲁图，改任别儿怯不花为右丞相，希望新丞相能够力挽狂澜，解决不断加深的社会危机。但是，别儿怯不花在任不足一年也被罢职。十二月，惠宗再以朵儿只为右丞相，平章政事太平为左丞相。

至正八年（1348）正月，黄河又决口，并水淹南北交通枢纽——大运河，黄河冲来的泥沙淤积、阻断运河，而且河间、山东两盐运司所属几十个盐场也有被淹没的危险，危及中央财政收入。因为盐税是元朝主要的财政收入来源，占政府收入的十分之八。而漕运一旦停止，从南方各地北运的大量粮食、丝绸等物资也面临供应紧缺的危机。

更为严重的是，黄河水患加剧了社会的动荡不安。河南、山东等黄河泛滥地区“所在盗起，盖由岁饥民贫”，大批饥民涌入长江中下游地区“剽掠无忌，有司未能禁”。为保证运河通航，保护山东、河北沿海地区的盐场不被黄河冲毁，也为了减缓黄泛区民众的反抗，元朝政府不得不大规模治理黄河。

二月，元朝在山东郓城设立行都水监，任命贾鲁为行都水监太监。贾鲁实地考察后，制定出两个治理黄河的方案。第一个方案是加固北面的堤坝，以防止黄河向北方决口；第二个方案是一边加固河堤一边疏通河道，以便将黄河引回故道。不久，贾鲁被调回中书省担任右司郎中，治河方案就此搁置。

在治理黄河的问题上，元朝廷拖沓无效，在对付方国珍起事问题上也是剿抚不定。

至正八年（1348）十月，江浙行省台州的方国珍起事。方国珍是台州路（今浙江临海）黄岩人，以海上贩盐为业。父亲本是佃户，常被地主陈氏欺负，两家结怨。后来赶上当地官府下令，悬赏擒拿盗匪蔡乱头及其乱党。陈氏借机诬告方国珍与蔡乱头沟通，逼迫方国珍怒杀陈氏。案发后，官府发兵追捕方国珍。走投无路的方国珍与兄方国璋、弟方国瑛、方国珉逃到海上避难。一个月后，方国珍兄弟收罗抗元百姓数千人，劫夺海运粮，扣留元朝运粮官。

至正九年（1349），元廷命江浙行省发兵征讨，结果元军全军覆没，江浙行省参知政事朵而只班被方国珍俘获，方国珍又借此机会向元廷请降。元廷也不想与民结怨，于是决定招抚方国珍，并加封方国珍为庆元定海尉，其兄弟也都被授予官职。方国珍害怕元朝政府诱捕他，不敢赴任，返回故里，聚集义军自保，势头不断高涨。在此后的几十年中，他与元廷关系一直暧昧不定，时降时反，并且始终保持在海上的独立势力。在此后的农民起义浪潮中，方国珍仍然是威慑元朝的一支强大力量。

面对日益加深的社会危机，惠宗深感无力。至正九年（1349）闰七月，惠宗再次起用脱脱出任中书右丞相，并将所有的希望都寄予脱脱，还为庆贺脱脱的复出而特别行赦天下。

丞相造假钞，

舍人做强盗。

贾鲁要开河，

搅得天下闹。

——〔元〕无名子《嘲诸司》

伪钞横行

脱脱第二次出任中书右丞相，面临着一大堆棘手问题。脱脱决定先着手解救国库亏空的危机，实施变更钞法。

从忽必烈后期开始，元朝因财政拮据开始不断增发纸币，这几乎成为拯救财政危机的简便捷径。成宗时期又开始动用纸币准备金，武宗时期动用钞本更为严重。仁宗虽然大力整顿钞法，却也大量印钞。印钞过量，纸币贬值，至正六年（1346），银钞比已变成1∶30（中统钞），引发物价飞涨。另外，市面上伪钞横行。元朝法律规定：制造伪钞者一律处死。怎奈因为“获利甚重”，仍然有人要铤而走险，致使伪钞愈积愈多，钞法受到极大的破坏。

至正十年（1350）十月，中书左司都事武祺、吏部尚书偰哲笃建议：更改钞法，铸用铜钱。惠宗与脱脱反复研究后，决定变更钞法。

变钞的具体办法，一是印造“至正交钞”，新钞一贯折合铜钱一千文或至元宝钞两贯，两种钞并行通用，只是“至正交钞”的价值比至元宝钞提高一倍；二是铸造“至正通宝钱”，与历代旧钱并用。至正十一年（1351），朝廷专置宝泉提举司，开始铸造“至正通宝钱”，印造“至正文钞”。一时间，宝泉提举司“每日印造，不可计数”，再通过舟车装运，散向民间，进入市面流通。

实际上，元朝政府是想“以钞买钞”，也就是通过发行新币压低民间的至元宝钞价值，借此搜刮民间财富，增加国库收入，摆脱财政危机。

至正十二年（1352），宝泉提举司印造“至正交钞”90万锭、“至元宝钞”10万锭。新币大量发行，可是印钞所用的纸张质量却非常低劣，纸钞用不了多久就已破烂，无法使用。因此，百姓不愿使用如同废纸的纸钞，常常使用铜钱或者以货易货进行贸易活动。另外，至正通宝钱与历代旧币通行的新措施，也使得各代铜钱都重返市场流通，加剧了流通货币市场混乱的局面。

由于货币体系几近崩溃，物价高涨数倍，变钞的目的不仅未能达到，政府的信誉也一落千丈。在变钞的同时，至正十一年（1351）四月，惠宗任命贾鲁为工部尚书、总治河防使，全力治理黄河。

此前，贾鲁曾实地考察，制定出两个治理黄河的方案。一是加固北面的堤坝，防止决口；二是一边加固河堤一边疏通河道，将黄河引回故道。比较两个方案，后者效果更好，只是费工。经过权衡之后，脱脱决定采取第二个治河方案。四月初四日，惠宗正式批准治河，命贾鲁领河南、河北诸路军民，增发汴梁（今河南开封）、河北大名等 13 路 15 万民众，以及庐州（今安徽合肥）等地戍军 18 翼 2 万军队，到黄河上服役。为了确保治河工程的顺利进行，惠宗还授权贾鲁调动一切与治河有关的军民、随机自行处理一切与治河有关的事宜。

至七月，黄河故道疏浚工程完成，疏通了从白茅口到杨青村的 280 余里河道。八月二十九日，将黄河水由白茅引至杨青村，归入故道，舟船通行。接着，开始堵塞黄河故道下游上段各处决口、豁口，修筑北岸堤防。为了使大坝合龙，九月初七日，贾鲁用船堤障水法开始堵水工程，将 27 艘大船并排连成方舟停在缺口处，同时凿沉。舟中装满石块，舟上竖起水帘桅，岸上民工再投入盛石的竹络和草土，一段新的堤坎便筑成了。十一月，护堤以及沿河的堤坝也全部完工，堵塞大小决口 107 处，上自曹县下至徐州修筑堤坝总计 770 里。黄河之水重新沿着故道奔流向东，汇入大海。

贾鲁的治河工程取得了非凡的成功，其工程之浩大，完工之迅速，在中国古代治河史上绝无仅有。就连后世的清朝大臣也纷纷奏请追记、褒扬脱脱和贾鲁的治河功绩。

治理黄河是利国利民的好事。可是，对于饱受洪灾、饥荒和瘟疫而长期挣扎在死亡线上的百姓来说，被强征为河工就如同坠入地狱。尽管朝廷发放伙食和工钱，却要遭受治河官吏的克扣，承担沉重的劳役，使民工们如同被驱使的奴隶。而政府吏治腐败，贪污、贿赂之风盛行，朝廷的监察系统同样腐化堕落，形同虚设。民间有人作诗嘲笑官员说：“解贼一金并一鼓，迎官两鼓一声锣。金鼓看来都一样，官人与贼不争多。”在元朝，无论是迎接上官还是解押强盗都要敲鼓锣，只是前者二声鼓一声锣，后者一声鼓一声锣。因而在老百姓的眼里，官和贼已经没有什么区别。

脱脱复相后，一直在努力解决河患与财政危机，可是他的努力并没有缓解百姓的生活疾苦，反而使百姓财富缩水、劳役加重，更加激起了百姓们的怨恨。当时一首流行的歌谣讥讽时政：“丞相造假钞，舍人做强盗。贾鲁要开河，搅得天下闹。”

堂堂大元，奸佞专权。

开河变钞祸根源。惹红巾万千。

官法滥，刑法重，黎民怨。

人吃人，钞买钞，何曾见？

贼做官，官做贼，混贤愚。

哀哉可怜！

——〔元〕无名氏《醉太平·堂堂大元》

揭竿而起

至正十一年（1351），为了保证江南至大都的航道畅通，为了减少黄河两岸百姓遭受河患的侵袭，也为了确保河间、山东两盐运司所属几十个盐场不被淹没，元朝廷启动了大规模的开河工程。

在开工之前，工部尚书成遵等人曾极力劝阻，因为黄河故道难以恢复，“连岁饥馑，民不聊生，若聚二十万人于此，恐日后之忧，又有重于河患者”。果然，这话不幸被言中了。

当时，苏州女诗人郑允端在《望夫石》这首诗歌中道出了徭役给百姓带来的分离之苦：

良人有行役，远在天一方。自期三年归，一去凡几霜。

登山凌绝巘，引领望归航。归航望不及，踯躅空彷徨。

化作山头石，兀立倚穹苍。至今心不转，日夜遥相望。

石坚有时烂，海枯成田桑。石烂与海枯，行人归故乡。

由于元朝廷治理黄河过度征用民力激起的民怨，促成了以红巾军为先锋的元末农民大起义的爆发。

起义军之所以叫“红巾军”，是因为起义者头裹红巾作为标志。红巾军的组织者名叫韩山童。韩山童是河北栾城人，出身于白莲教会世家，祖父韩学究是白莲教主。白莲教渊源于佛教净土宗的弥陀净土法门，得名于5世纪初东晋庐山戴远之白莲社。南宋初，昆山（今江苏昆山）人茅子元在昆山淀山湖创立白莲宗，即白莲教。在宋朝灭亡之前，白莲教传播到北方。白莲教崇奉弥勒佛，认为只要口念“阿弥陀佛”，死后即可“往生”西方极乐世界。

白莲教原本是元朝政府认可的合法教派。但是，从至元十七年（1280）起，由于不断发生白莲教组织的反元起义，在武宗时期至大元年（1308），白莲教遭到元朝政府的封禁。仁宗时期，白莲教又在民间开始复苏，其信徒多为下层百姓，各种形式的反元活动仍时有发生。

韩学究当白莲教教主的时候，因为传播白莲教时“烧香惑众”，被官府流放到广平永年县（今河北邯郸永年区）。韩山童继承祖父的遗业后，以永年为基地，继续利用白莲教宣传和组织群众，“倡言天下当大乱，弥勒佛下生，明王出世”。经韩山童鼓动，“河南及江淮愚民，皆翕然信之”。韩山童网罗了刘福通、杜遵道、罗文素、盛文郁、王显忠、韩咬儿等一批很有能力的干才，他们四处散布“天下大乱”，煽动民众起来反抗元朝的黑暗统治。

经过多年的准备和精心的策划，韩山童等人决定利用元朝廷开河工程汇聚大量民工之际，人造谶语，在民间散布“石人一只眼，挑动黄河天下反”的神秘流言，号召治河劳工顺应神意，起来造反。

至正十一年（1351）四月下旬，治河总指挥贾鲁指挥来自各地的近 15 万民工和 2 万军队，开启治理黄河的浩大工程。民工们一边承受着繁重的劳役和监工官兵的打骂，一边却又吃不饱饭，口粮、工钱常被克扣，怨气积郁在胸间，敢怒不敢言。 天，民工们在开挖黄陵岗（今山东曹县西南）故河道时，掘出了一个稀奇古怪的独眼石人，石人背上刻着一条神秘的谶语——“莫道石人一只眼，此物 出天下反”。这条惊人的预言暗示着，反元大起义是冥冥之中早有定数的天意。

其实这是韩山童、刘福通等人的杰作。他们暗中刻制了这块独眼石人，将它预先埋进即将挖掘的黄陵岗的河道里。

由于早在开河之前，民工们就已经听说了在民间广泛流传的预言，此时看到独眼石人，更加信以为真，纷纷辗转相告，致使大江南北，人心浮动，大家都觉得天下要大乱了。

经过这一番宣传攻势，韩山童、刘福通等人认为点燃起义之火的时机已到。五月初，韩山童等聚众 3000 人在颍州颍上（今安徽颍上），杀黑牛白马，誓告天地，准备起兵。刘福通等宣称：韩山童是宋徽宗的八世孙，当为中国主。刘福通则自称是南宋名将刘光世的后代，应当辅之。

然而，起义的消息走漏了风声，未等起义军行动，元朝廷的官兵便猝然来袭，韩山童被捕杀，其妻杨氏、儿子韩林儿趁乱逃到武安山（今江苏徐州境内）中。刘福通等人冲出了元军的重围。

遭遇突如其来的变故，迫使刘福通等人仓促起兵。五月初三日，起义军头裹红巾为标志，号称“红巾军”，以白莲教进行组织，烧香拜佛，故也称“香军”。起兵之后，红巾军首先攻克颍州（今安徽阜阳），元廷大惊，速派枢密同知赫所、秃赤等率军前往镇压，被红巾军击败。接着，红巾军乘胜占领亳州（今安徽亳州）、项城（今河南项城南）、朱皋（今河南息县）、光州（今河南潢川）。

由于独眼石人的谶语已被广泛传播，红巾军起义后，百姓普遍认为是谶语应验了，这为红巾军队伍的发展壮大提供了有利的思想土壤。红巾军攻占颍州的胜利极大地鼓舞了民众的反元信心，很快，投奔红巾军的百姓达 10 万人之多。江淮各地也纷纷起兵响应。同年夏，南方的白莲教僧人彭莹玉及其门徒赵普胜等也在巢湖起兵反元。

至正十一年（1351）八月初十日，在邳州，芝麻李二[①]与社长赵均用秘密谋划，联络樵夫彭早住及其父老彭等 8 人，烧香拜

① 李二因家有芝麻一仓，在饥荒时开仓赈济饥民，故人送外号“芝麻李二”。

佛，歃血为盟，乘夜直奔徐州。4 人入城，4 人留在城外。夜半四更，8 人内喧外呼点火制造混乱，趁乱抢夺守门士卒的武器。一夜之间，江淮重镇徐州竟被这 8 个人占领了。

天亮后，8 人树起大旗募军，百姓蜂拥而至，多达万余人加盟。未几，这支义军占领了徐州附近诸县及宿州（今安徽宿州）、五河（今安徽五河）、虹县（今安徽泗县）、丰州（今江苏丰县）、沛州（今江苏沛县）、灵璧（今安徽灵璧）、安丰（今安徽寿县）、泗州（今江苏盱眙）等地。

至正十一年（1351）十二月，邓州人张椿等发动起义，攻占邓州、南阳，时称“北琐红军”。接着，又占领了唐（今河南唐河）、嵩（今河南嵩县）、汝（今河南临汝）诸州，攻陷河南府（今河南洛阳）。

至正十二年（1352）正月，孟海马率众起义，攻占襄阳（今湖北襄阳），时称“南琐红军”。随后，南琐红军相继攻破房州（今湖北房县）、归州（今湖北秭归南）、均州（今湖北丹江口）、峡州（今湖北宜昌）、荆门（今湖北荆门）等地。

南方白莲教徒的起义，更是将元末农民起义推向了新的高潮。

至正十一年（1351）八月，麻城（今湖北麻城）铁工邹普胜、罗田布贩徐寿辉等在蕲水（今湖北浠水）利用白莲教发动起义，公推徐寿辉为主公，宣称徐是“弥勒佛下生，当为世主”。起义农民头裹红巾，也称红巾军，相继攻占了蕲水、黄川（今湖北黄冈）。

十月，起义军拥戴徐寿辉为皇帝，邹普胜为太师，以蕲水为都城，建立了农民政权，国号“天完”，改元“治平”。“天完”的意思是压倒“大元”。

为了彻底推翻大元，新政权还设立了比较完备的行政机构和军事机构。行政机构设有中书省（自称莲台省），下设吏、户、礼、兵、刑、工六部。军事建制上则设百户、千户、万户、总管、统军元帅等职级，军事机构有管军万户府、管军总管府、统军元帅府等。

天完政权建立后，很快成为南方白莲教的政治中心，至正十二年（1352）正月，天完军分兵两路，一路逆江而上，进攻武昌、中兴（今湖北江陵）等地；一路顺江而下，攻取长江中下游州县，向福建和江浙行省首府杭州进军。这时，彭莹玉的起义军也与天完军会合，与项普兵进九江、安徽徽州（今安徽歙县）等地。

自此，以徐寿辉、邹普胜为首的南方红巾军与以刘福通、杜遵道为首的北方红巾军，彼此呼应，相互配合，将反元战火烧到失控。

天高皇帝远，

民少相公多。

一日三遍打，

不反待如何。

——〔明〕黄溥《闲中今古录》

大厦将倾

至正十二年（1352），遍及元朝大地的起义之火熊熊燃烧。

二月，定远（今属安徽）的富豪郭子兴信奉白莲教，与农民孙德崖、俞某、鲁某、潘某等联手起兵，响应刘福通起义，也以红巾为号，郭子兴自称元帅，起义军攻占濠州（今安徽凤阳东北）。

三月，一位改变未来的历史人物也加入了郭子兴的起义军，这就是后来的明朝开国皇帝朱元璋。朱元璋当时 25 岁，还只是一个穷和尚，加入起义军的时候没有人注意他，元朝统治者更不知道这就是下一位人中龙。

不过，面对失控的起义战火，元朝统治者早已坐卧不宁、惊恐不安。此时的元朝官军多腐败无能，因过惯了舒适的和平生活，“以酒色为务”的将领，“以剽掠为务”的士卒，早已不是当年那支骁勇善战、横扫天下的蒙古骑兵。在对阵刘福通的红巾军战役中，元军屡战屡败。迫于无奈，元朝廷只好暂时将围剿重点转向南方红巾军、北方红巾军以及天完政权。同时，发展地主武装势力，指望他们将农民起义军各个攻破，最终对红巾军形成包围之势。

至正十二年（1352）闰三月，元朝廷先后命四川行省参知政事答失八都鲁领兵出川东下，与高昌亦都护月鲁帖木儿、豫王阿剌忒纳失里、知枢密院事老章、卫王宽彻哥、中书平章政事蛮子、巩卜班等征讨河南、江北的南方红巾军、北方红巾军以及天完政权的红巾军。五月，北方红巾军最先被镇压。

这时，天完政权的红巾军已经攻克汉阳、兴国（今湖北阳新）、武昌、龙兴（今江西南昌）、安陆（今湖北孝感）、河阳（今湖北河阳西南）、中兴（今湖北江陵）、吉安、瑞州（今江西高安）、饶州（今江西鄱阳）、信州（江西上饶）、婺源、徽州（今安徽歙县）等地。

七月，彭莹玉等人攻克江浙行省首府杭州，元朝廷大为震惊。李二起义军占领徐州，也给元朝政府造成了极大的威胁，因为徐州是扼守黄河与运河的战略要冲。

危急之际，至正十二年（1352）八月，右丞相脱脱自请出师征讨徐州，惠宗命其督诸路军马进攻徐州，令知枢密院事咬咬、中书平章政事棚思监、也可达鲁忽赤福寿、中书左丞贾鲁随军出征。

九月，元军围攻徐州，以巨石炮昼夜猛攻，数日后攻破南关，起义军苦战失利，徐州城陷。李二败走，被元军追击、俘杀。赵均用、彭早住等人率残部投奔濠州，与郭子兴合兵。

随后，脱脱命令贾鲁等率领元军进攻濠州，贾鲁在征途中病死。至正十三年（1353）五月，元军撤离濠州。

接着，元军对天完政权的红巾军展开了反扑。在元朝数路大军的围攻下，彭莹玉被迫撤出杭州，退守徽州。不久，徽州失守，彭莹玉退到江西瑞州（今江西高安）。十一月，瑞州失守，彭莹玉被杀。至正十二年（1352）从秋到冬，元军陆续收复安陆、武昌、汉阳、江州、蕲州等地。就这样，以农民为主的起义军四处点燃战火，元朝廷则四处追杀灭火。

至正十三年（1353）正月，泰州盐贩张士诚与其弟张士义、张士德、张士信，联合李伯升等18人，招集盐丁，再次点燃起义之火，一举攻下泰州（今江苏泰州），起义军迅速发展至万余人。随后，起义军攻陷兴化（今江苏兴化），驻扎德胜湖。五月，张士诚又攻下高邮（今江苏高邮）。次年正月，张士诚在高邮自称“诚王”，国号“大周”，年号“天佑”，建立了自己的政权。

至正十四年（1354）年初，元军反扑力度不减，四川行省参知政事答失八都鲁攻陷峡州，南方红巾军首领孟海马战死，起义达两年之久的“南方红巾军”被镇压。

就在这兵革四起之时，泉州发生了饥荒。泉州被誉为“世界最大贸易港”[①]，元人说：“泉，七闽之都会也。番货远物、异宝奇玩之所渊薮，殊方别域，富商巨贾之窟宅，号为天下最。其民往往机巧趋利，能喻于义者鲜矣。而近年为尤甚，盖非自初而然也。”这个昔日商业贸易繁荣之地，此时因为天灾人祸而凄然凋零。至正十三年（1353），泉州出现空前大旱，到至正十四年（1354）更是出现了“种不入土，人相食”的惨状，饿死的饥民不计其数。

然而，元朝统治者已经无暇顾及百姓的生死，张士诚的起义军在占据要冲、阻绝南北之时，已然成为元朝政府的心头大患。

至正十四年（1354）九月，右丞相脱脱再度出征，总制诸王、诸省各路军马，号称挥师百万，扑向高邮。元军围困高邮长达3个月，城中人困马乏日渐不支。张士诚动摇，军中开始议论出降，张士诚又恐“罪在不赦”，因此犹豫不决。就在这危急关头，元朝廷权臣之间的内部斗争，使高邮之战出现了转机。

十一月，朝中监察御史连上三份奏章，弹劾右丞相脱脱，称其“出师三月，略无寸功，倾国家之财以为己用”。

---

① 泉州是元朝海外贸易的主要港口，是海上丝绸之路的起锚地。马可·波罗与伊本·拔图塔都称之为“世界最大贸易港”。伊本·拔图塔是摩洛哥一位著名的旅行家，1342年从印度的德里出发，辗转锡兰岛、马尔代夫岛经过尼科巴群岛、苏门答腊等地，最后在泉州登陆，来到了中国。当时，外国商船来元朝，大都在泉州登陆，元朝政府的使节、商人去海外也从泉州起航。

弹劾的指使者是惠宗的二皇后完者忽都（又称奇氏）与宣政院使哈麻。

哈麻是康里人，其母为宁宗懿儿只斤·懿璘质班的乳母。哈麻早期侍奉过惠宗，曾任宫殿中侍御史，后因攀附右丞相脱脱，擢任中书右丞。至正十三年（1353）年底，哈麻与脱脱的亲信汝中柏争权，被脱脱排挤转为宣政院使，哈麻由此对脱脱怀恨在心，并寻机扳倒脱脱。

至正十三年（1353）六月，惠宗册立儿子爱猷识理达腊为皇太子，以脱脱兼太子詹事官。哈麻随后向皇后奇氏进谗言称："皇太子虽然已经确立，而册宝以及郊庙之礼不举行，这都是脱脱和他兄弟也先帖木儿的主意。"奇皇后相信了哈麻的话，对脱脱心生不满。

脱脱出师高邮后，哈麻又指使监察御史弹劾脱脱，奇皇后从旁推波助澜。而惠宗也不分析前方战况，直接下诏削去脱脱的官爵，安置淮南，又移置亦集乃路。同时，改派河南行省左丞相太不花、中书平章政事月阔察儿、知枢密院事雪雪代领其兵。

至正十四年（1354）十二月，惠宗的诏书传到高邮，元军闻之顿时哗然。脱脱的大军本是从各地调集而来，闻诏之后军中无主，百万之众一时四散。一些无所投附的军士，甚至倒戈加入了红巾军。

元军临阵易帅，围困高邮的阵线土崩瓦解。张士诚抓住这一转机出兵反攻，元军大败。

四郊飞雪暗云端，
唯此宫中落旋干。
绿树碧檐相掩映，
无人知道外边寒。

——〔唐〕吴融《华清宫》

鲁班天子

至正十五年（1355），右丞相脱脱被罢官免职、流放云南，其弟也先帖木儿流放四川。但是，仅仅结束脱脱的政治生涯，仍不足以消解哈麻心中的恨意，于是又遣使将脱脱毒死。

四月，惠宗提拔康里定住出任中书右丞相，哈麻出任中书左丞相，雪雪为御史大夫。

股肱之臣脱脱被谗言诬死，使元朝的上层政治陷入更加混乱的状态。而年富力强的惠宗却把所有的精力都投入了个人喜好之中，懒得理事，怠于朝政。

元惠宗妥懽帖睦尔有两大爱好，一好木工活，二好女色。

惠宗的木工手艺相当出色，时人誉之为“鲁班天子”。惠宗曾经亲自设计过一条龙舟，船身长 40 米，宽 7 米左右，前甲板上设有瓦帘棚、穿廊和两间暖阁，后甲板上设有庑殿楼子。龙舟的船体和上面的殿宇都用五彩金妆，有龙头、龙爪、龙尾。龙舟行驶时，龙的头、眼、口、爪、尾都随之律动，活灵活现，格外气派。龙舟建成后，惠宗常常嬉戏于自己的杰作之中，令120名衣着华丽的水手在船的两侧甲板上撑篙，载着自己和嫔妃、宫女、宦官等人，往来游弋于皇宫内的太液池中。

惠宗还十分精通机械工艺，并将这一技术运用在计时装置“七宝宫漏”的制作当中。惠宗做的这个宫漏，高约2米，宽1米多。下部用木头做了一个柜子，柜上设计了佛教仙地“三圣殿”，柜腰立一位身姿绰约、手捧时刻筹的玉女，以及一位手持钟、钲的神人。每到一定时辰，玉女就会浮出水面，而神人则自行击钟、钲以报时辰。每当钟锣鸣响时，柜旁边设计的狮子、凤凰等灵物都闻声起舞。柜子的东西两侧分别是日宫和月宫，设计了六位飞仙立于宫前，每到子时和午时，飞仙便自动走出，步过仙桥，到达“三圣殿”，过一会儿又退回原来的位置。

惠宗还是一位乐于助人的建筑设计大师。如果哪位大臣要盖房子，他就会兴致勃勃地亲自为臣子们设计房屋图样、制作模型，再让大臣按照模型去建。

可见，惠宗的“鲁班天子”称号绝非浪得虚名。只是，元朝的统治大厦摇摇将倾，“鲁班天子”却已无木能撑，何况他的心思根本就不愿用在国家大事之上。

惠宗极端笃信佛法。一些官员和宦官为了争宠，便打着尊崇佛教的幌子，诱导惠宗大行淫乐。哈麻担任中书右丞时，曾向惠宗引荐喇嘛僧人教授房中术。惠宗如获至宝，当即授给喇嘛僧人司徒的官职。不久后，哈麻的妹夫、集贤院学士秃鲁帖木儿也不甘落后，向惠宗推荐西蕃僧人伽玺真等人。这些僧人入宫后，向惠宗传授行房中术的“秘密法”。惠宗为其所惑，进而“广取女妇，惟淫戏是乐”。

为了尽情淫乐，惠宗在宣文阁旁边筑密室，称之为“皆即兀该”，意思是“事事无碍”。惠宗抛开国君的尊严，与一些男女相与亵狎，肆意寻欢作乐，甚至君臣不避、男女裸处。秃鲁帖木儿因此备受惠宗宠信。

至正十四年（1354）年底，惠宗全然无心打理朝政，便加封太子爱猷识理达腊为中书令兼枢密使，代父打理朝政。其实，爱猷识理达腊的权力欲望早已随着年龄的增长而迅速膨胀，并且不满其父的胡作非为，十分痛恨秃鲁帖木儿等人谄媚误国。另外，奇皇后也希望太子早日坐上皇位，迫切希望惠宗“禅让”。因此，奇皇后与太子身边逐渐形成了一股后党势力。

太子爱猷识理达腊主持国家大政之后，其心腹御史大夫搠思监与宦官朴不花相互勾结，倚仗太子和奇皇后的庇护，结党营私，控制朝政，试图架空惠宗的皇权，迫其禅让。

在元朝早期和中期，宫中的侍卫主要使用功臣贵族的子弟。宦官数量很少，而且地位卑微，所以基本上没有宦官窃权之祸。但是，到了元朝末期就不一样了，出现了擅权的宦官朴不花。

朴不花是高丽人，高丽王国定期向元朝进贡宦官。朴不花 7

岁时被送进元朝宫廷，成为一名小太监。高丽秀女奇氏进宫后，这两位同乡的关系逐渐亲密起来，奇氏成为皇后之后，朴不花被调到兴圣宫，照管太子的生活起居。此后，朴不花以奇皇后为后台，逐渐迁升为荣禄大夫，加资正院使，担任掌管财政的要职。

太子摄政后，后党势力更加强大，搠思监与朴不花逐渐干预官吏任免，内外百官依附者占到十分之九。就连哈麻兄弟也倒向后党势力，参与密谋拥立太子爱猷识理达腊为帝，以惠宗为太上皇，并诛杀秃鲁帖木儿。

不料，密谋之事消息泄露。至正十六年（1356）二月，秃鲁帖木儿密奏惠宗。御史大夫搠思监趁机弹劾哈麻兄弟罪不可赦，惠宗盛怒之下罢免了哈麻、雪雪的官职，流放惠州（今广东惠州）和肇州（今黑龙江肇州县），二人临行前受杖而死。

但是，这次事件并没有引起惠宗的警觉，他仍然沉迷于游玩享乐，懒于处理政事。元朝统治集团内部也继续争权夺利，互相倾轧。元王朝已现没落之气，而下一个时代的主角却在历练中踏上了王者之路。

荣华梦一场，功名纸半张，是非海波千丈。

马蹄踏碎禁街霜，听几度头鸡唱。

尘土衣冠，江湖心量。

出皇家麟凤网，慕夷齐首阳，叹韩彭未央。

早纳纸风魔状。

——〔元〕汪元亨《朝天子·归隐》

群雄并起

正当元朝统治阶级内部忙于相互倾轧之时，北方红巾军的“宋”政权正式建立。

起初，元军在与刘福通的红巾军交战中节节败退。元军主力部队力战无功，就转移了目标，去进攻南方的起义军。但是，当地的元朝将领察罕帖木儿却率先组织地主武装，纠集支持元朝廷的数百人，号称义兵，对红巾军展开疯狂的反扑。红巾军毕竟缺乏战斗经验，彼此又不协同，各自为战，以致被各个击破。元朝廷为了利用地主武装，免去河南、淮南等地的义兵万户府的差役，以示鼓励。察罕帖木儿的义兵迅速发展成万人的队伍，自成一军，而且屡次战胜刘福通的红巾军，沉重打击了一路奋起的北方红巾军的起义势头。

至正十五年（1355）二月，为了集合红巾军的力量，改变以往各自为战的不利局面，刘福通等人在亳州（今安徽亳州市）正式建立北方红巾军政权，拥立韩山童之子韩林儿为帝，号称“小明王”，建都亳州，国号“宋”，年号“龙凤”。

“宋”政权建立后，元朝廷调派答失八都鲁出任河南行省平章政事，并授予“便宜行事”的特权，调集军队，加强了对北方红巾军的镇压。但是，元军出师不利。六月，刘福通在长葛（今河南长葛东北）大败答失八都鲁。“宋”军继而攻取了嵩州（今河南嵩县）、汝州以及洛阳，北渡孟津至怀庆路（今河南沁阳），河北为之震动。

随后，元军加强了各地的防务。十一月，答失八都鲁调集兵力攻破太康的红巾军，进围亳州。“小明王”被迫移居安丰（今安徽寿县）。红巾军一部进抵黄河北岸的怀州（今河南沁阳），被元朝中顺大夫、汝宁府达鲁花赤察罕帖木儿率领的义军消灭。至正十六年（1356）三月，刘福通与元军大战亳州，答失八都鲁惨败。

与此同时，朱元璋也带领军队向江西进军，于至正十五年（1355）正月攻克和州（今安徽和县）。

自从投奔郭子兴之后，朱元璋每天苦练武艺，很快成为军中出色的人物，在数次战役中立下战功，受到郭子兴的欣赏和器重。不久，郭子兴将义女嫁给朱元璋，并让他单独带领一支队伍。朱元璋才略出众，很快就能独当一面。至正十四年（1354），朱元璋率徐达、汤和等人攻取濠州定远，开始招降地主武装，并且“倡农夫以入伍”，“不逾月而众集，赤帜蔽野而盈岗”。朱元璋从中挑选精壮男子两万名，加以严格训练。七月，朱元璋攻占滁州。

攻占和州之后，郭子兴任命朱元璋为总领诸军。至正十五年（1355）三月，郭子兴病死。此时，“宋”政权正四处招集各路红巾军议事。四月，“小明王”发布檄文，任命郭子兴长子郭天叙为“都元帅”，张天祐、朱元璋为副元帅。从此，这支起义军正式归入“宋”政权的麾下。六月，朱元璋渡江，攻取采石（今安徽马鞍山西南），占领太平（今安徽当涂），改太平路为太平府，置太平兴国翼元帅府，朱元璋为元帅，并且起用儒士担任帅府都事、帅府令史等。九月，郭天叙、张天祐进攻集庆（今南京）时败死，朱元璋继任“都元帅”。

北方红巾军的“宋”政权，在朱元璋等人加入后如虎添翼；而以徐寿辉为首的天完政权，也吸收了部分元军而壮大起来。当时，元军“散而无附者，多从红军”。此前，这支南方红巾军曾因元军的反扑而遭到重创。至正十五年（1355），重振天完政权之后，南方红巾军相继攻克长江中游地区多处城市。正月，克河阳；三月，克襄阳；五月，克中兴路；七月，克武昌、汉阳；九月，围岳州。在此过程中，倪文俊发挥了很大的作用。

倪文俊是黄州黄陂（今湖北黄陂）人，渔民出身，有勇有谋，外号“倪查子”。自任“统军元帅”，起兵响应徐寿辉、邹普胜等人起义。在天完政权攻克长江中游地区多处城市的战役中，倪文俊屡立战功。七月，占领华中重镇武昌、汉阳，俘威顺王[①]之子歹帖木儿及王妃。惠宗曾试图招抚倪文俊，倪文俊要求元朝廷封他为湖广行省平章政事，惠宗未答应。于是，倪文俊杀了威顺王诸子。至正十六年（1356）正月，天完政权占据汉阳为都，迎徐寿辉为帝，改元“太平”，以倪文俊为丞相。但是，倪文俊不甘为相。至正十七年（1357）九月，倪文俊禁不住皇位的诱惑，准备谋杀徐寿辉，结果没有成功；出逃黄州后，被其部将、领兵元帅陈友谅杀害。

这一时期，不仅天完政权内部不和，元朝各地的起义军之间也在相互争夺地盘。至正十六年（1356）三月，朱元璋率水路大军攻下集庆，元水寨元帅康茂才投降。朱元璋改集庆路为应天府，置天兴建康翼统军大元帅府。接着，徐达攻克镇江，邓愈攻占广德。七月，“宋”政权提升朱元璋为枢密院同佥。不久，“宋”政权又在应天设江南等处行中书省，以朱元璋为平章。在朱元璋派军克镇江之时，镇江已经是张士诚的势力范围。张士诚占据东南高邮后，部队损失惨重。经过调整之后，于至正十六年（1356）正月攻破常熟，进军平江。元朝江浙行省兵防空虚，张士诚轻取平江。随后，元昆山、嘉定、崇明守臣相继来降。两月之间，张士诚顺利夺得苏松地区，占据东吴。三月，张士诚在隆平府称“周王”，以承天寺为宫室，设立省院六部、百司。接着，张士诚

① 威顺王宽彻普化，忽必烈的孙子，镇守武昌。

取湖州、破杭州，在作战中扩大了队伍。

朱元璋占领镇江后，为了稳住阵脚，致书张士诚，以示通好。但是，张士诚自恃兵多将广，拘留来使杨宪，出兵镇江，结果兵败退守常州。朱元璋命徐达进攻常州，十一月，徐达围困常州，俘获张士诚两将领。第二年，朱元璋、徐达、常遇春、胡大海等人又连克长兴、泰兴、江阴、常熟。不久，元朝廷任命方国珍为江浙行省参知政事，令其讨伐张士诚。方国珍率水军进长江，袭昆山（今属江苏）。随后，张士诚投降了元朝廷，被任为太尉，隆平府恢复原名平江府。

张士诚的“周”政权被元朝收编，“宋”政权的红巾军仍与元军继续激战。至正十六年（1356）九月，刘福通继续扩大战果，派遣将领李武、崔德进兵陕西，毛贵进入山东。李、崔领军破潼关，元参知政事迹律杰战死。十一月，刘福通攻克河南府（今河南洛阳）。至正十七年（1357）五月，毛贵在山东战果辉煌，刘福通决定分三路北伐。以毛贵为主力，东路进攻大都，关先生、破头潘率领一支中路军，绕山西，转攻河北，对大都形成包围：白大信、大刀散、李喜喜去西路，增援李武、崔德。

在三路北伐的同时，刘福通于同年五月统兵攻占汴梁，定汴梁为“宋”政权的都城，将韩林儿接到汴梁。最初，三路北伐红巾军节节胜利。但是，由于各路将领各行其是，“兵虽盛，威令不行”。同时，“宋”政权一面与元军作战，一面也要应对其他起义军的挑战。比如，西路军的李喜喜部进入四川时，被徐寿辉部将明玉珍逐走。各部起义军之间的这种自相攻击，严重地削弱了起义军的反元力量。同时，三路大军北伐分散了兵力，而且孤军深入，得地不能守。至正十八年（1358）三月，毛贵进逼元朝京师大都，“京师人心大骇”。尔后，元军四方来援，孤军深入的红巾军兵败，不得不退师济南。

同年十二月，关先生、破头潘率领的中路军在保定失利，远去塞外，攻克上都，转战辽东，直至高丽。在对待起义军的问题上，高丽国完全支持元朝廷，打击农民起义军。至正二十一年（1361）九月，关先生、破头潘率领中路红巾军10余万人，渡过鸭绿江进攻朔州。十一月，攻占抚州、安州并占领了高丽的京城开京（今朝鲜开城）。但不久后，高丽军围攻开京，红巾军战败。关先生、沙刘二等阵亡，破头潘率余部败退辽阳后被俘。

由于三路北伐军相继失利，形势逆转。元军对“宋”政权的围剿的力度不减，察罕帖木儿、孛罗帖木儿率领的两支官军对“宋”政权的包围进一步紧缩。至正十九年（1359）八月，元军攻破汴梁城，刘福通保护韩林儿冲出重围，逃奔安丰。汴梁城内数万红巾军及“宋”政权的官吏家属被俘。

“宋”政权的红巾军虽然兵败，却牵制了元朝的主力军，元廷不得不分散兵力对付各路红巾军，这给朱元璋留出了足够的发展空间。

无多药圃近南荣，
合有新苗次第生。
稚子不知名品上，
恐随春草斗输赢。

——〔宋〕陆龟蒙《自遣诗》

血染残阳

刘福通统领北方红巾军与元军全力交锋之时，朱元璋则以应天（今江苏南京）为根据地，顺利攻占了周围的镇江、广德、长兴、常州、宁国、江阴、常熟、徽州、池州、扬州等军事重镇。在此期间，朱元璋的军队也得到了迅速的扩张。巩固江南地盘之后，朱元璋环顾四周，开始研究向外发展的计划。

当时，应天之东有张士诚，西有徐寿辉，南有元军，北有韩林儿和刘福通。经过形势分析，朱元璋采取了固守东西、出击东南的战略，因为皖南、浙东一带的元军势力相对较弱。

至正十八年（1358）二月，朱元璋命邓愈、胡大海攻克徽州、休宁，击败杨完者率领的苗军。九月，费子贤攻占武康（今浙江德清西）。十一月，朱元璋亲自率军攻克婺州。

婺州有“小邹鲁”之称，当地居住着许多著名的学者，这些人有知识有谋略，在地方上有势力有影响。朱元璋占领婺州后，就召见儒士范祖干、叶仪，礼贤下士，求计问策，随后聘请许元、叶瓒玉等多位儒士参议军政大事。为了取得当地地主的信任，朱元璋还选用婺州七县的富民子弟充当宿卫，称之为“御中军”。

至正十九年（1359），朱元璋麾下的浙东驻军又先后占领诸暨、衢州和处州（今浙江省丽水市）。东南一带孤立的元军被逐个消灭。

随着朱元璋的地位和实力的迅猛提升，独立一方的政治倾向日益明显。至正二十一年（1361），“宋”政权的“小明王”加封朱元璋为“吴国公”，但是实际上已无法控制他，朱元璋不再受“宋”政权的制约了。朱元璋忙着攻城略地、扩张地盘，天完政权的陈友谅也不甘寂寞。

陈友谅（1320—1363），出生在沔阳（今湖北仙桃）的一户打鱼人家。本姓谢，其祖父入赘陈氏，因从其姓。徐寿辉起兵时，陈友谅正在县上当小吏官，因不满元朝统治，与其弟陈友仁、陈友贵等聚众起义。

陈友谅与天完政权的丞相倪文俊一样，拥有极强的权力欲。陈友谅杀了倪文俊后，又计划谋杀徐寿辉。当时，天完军的安庆守将赵普胜手握重兵，成为陈友谅夺取政权的一大障碍。至正十九年（1359）九月，朱元璋大军在潜山击败赵普胜，陈友谅伪称与赵普胜会师，趁机进入安庆，袭杀了赵普胜。至正二十年（1360）五月，陈友谅又弑杀了徐寿辉，取消天完政权的名号，建立“汉”政权，改元“大义”，自称皇帝，仍以邹普胜为太师，张必先为丞相，张定边为太尉兼知枢密院事。

此时，朱元璋东边的张士诚倚仗江南之富庶，争夺江浙地盘；西边的陈友谅凭借长江中游的地利，伺机发兵消灭朱元璋。朱元璋知道，若想在两强夹缝中立足十分困难，两面作战更不可取。

于是，朱元璋把主要精力用于对付陈友谅。陈友谅谋杀徐寿辉，天完政权的陇蜀行省右丞相明玉珍非常不满。至正二十一年（1361）三月，明玉珍在重庆自立为“陇蜀王”，建国号“大夏”，改元“天统”，占据全蜀。朱元璋利用陈友谅篡位引起的内部矛盾，大力纳降徐寿辉、赵普胜的旧部，孤立陈友谅。

在经济上，朱元璋放弃四处抄掠、强纳寨粮的流寇做法，设置了营田司，令康茂才为营田使，掌握农田水利，发展本地区的农业生产，并且对农民夺田或占田给予承认，鼓励开荒为己业，只收田租。此外，朱元璋还大力开展军屯、民屯，在应天近郊、江阴、衢州等地屯田，收效十分明显。

在赋税方面，采取轻徭薄赋的政策。为了发展贸易，至正二十一年（1361），朱元璋在应天府设立宝源局，铸“大中通宝”钱，在区域内流通。同时，制定盐法、茶法，使盐茶经营有法可循。

至正二十一年（1361）五月，陈友谅按捺不住扩张的欲望，派李明道进攻信州，却被朱元璋的守军俘获。七月，陈友谅派张定边攻占了安庆，一个月后又被朱元璋的部队收复。接着，朱元璋亲率大军攻下江州，陈友谅逃奔武昌。同时，镇守江西饶州的陈友谅部将献城投降朱元璋。次年，陈友谅再次反攻，再次失败。

至正二十三年（1363），朱元璋亲自率兵在鄱阳湖与陈友谅展开决战。这时，驻守在濠州的张士诚趁安丰空虚之机，派遣其部将吕珍进攻安丰。朱元璋为救“小明王”，决定率军北去救援。三月，吕珍攻入安丰城，刘福通战死。朱元璋率军赶到，吕珍战败逃走，朱元璋保护“小明王”撤往滁州。

朱元璋营救“小明王”之时，陈友谅积极备战，于四月统领特制的数百艘大舰，号称60万大军向洪都（今江西南昌）进攻。洪都守将是朱元璋的侄子朱文正，率军死守了85天，到七月，朱元璋亲率20万大军来援，陈友谅退至鄱阳湖。

随后，双方在鄱阳湖展开激战，这也是中国古代军事史上规模空前的一次水军大会战。比较双方的实力，陈友谅人众、舰大，明显胜出一筹。其舰“高数丈，外饰丹漆，上下三级，级置走马棚，下设板房为蔽，置舫数十其中，上下人不闻相语，舫箱皆裹以铁”。而朱元璋的部队则人少、舰小。但是，舰小的优势是机动灵活，而陈友谅的战舰相连，转动不便。更重要的是，朱元璋调动士气，上下一心，决意死战；陈友谅却因为弑主篡权早已失去人心，加上他只注重大舰，“未知军心畏怯”。双方激战两个月后，陈友谅全军大败，本人也被流矢射中身亡。

陈友谅败亡后，朱元璋大势渐成。至正二十四年（1364）正月，朱元璋在应天即“吴王”位，设置百官，建中书省，立长子朱标为世子，建立了一整套的统治机构。

二月，陈友谅的儿子陈理在武昌向朱元璋投降，“大汉”割据政权灭亡。至此，朱元璋解除了西面最大的威胁，占据了湖广、江西广大地区。

朱元璋的下一个进攻目标是平江的张士诚。至正二十五年（1365）十月，朱元璋发布文告，指责张士诚“假元之令，叛服不常，启衅多端”。随后，令徐达、常遇春等发动进攻，夺取通州、泰州、高邮、淮安、濠州等地。到次年夏天，朱元璋已全部占领江北之地，迫使张士诚退守长江以南。

至正二十六年（1366）八月，朱元璋命徐达、常遇春率师20万攻张士诚。十一月，朱元璋军已占领湖州、杭州、绍兴、嘉兴等地，对平江形成包围之势。张士诚的重要将领吕珍、李伯升、张天琪、潘元明等纷纷投降朱元璋。

十二月，朱元璋见张士诚大势已去，便派部将廖永忠迎接“小明王”到应天。途经瓜步时，“小明王”“失足”落入水中溺死，“宋”政权遂告灭亡。

至正二十七年（1367）九月，经过10个月的围攻，朱元璋大军最终攻破平江城，张士诚被俘押送应天，自缢而死。张士诚的割据政权被消灭。

与此同时，朱元璋派兵向南征服了其他的割据政权。至正二十七年（1367）九月，派军向方国珍割据的地区进兵。十一月，方国珍被迫投降。随后，向割据福建的陈友定进军。

陈友定与陈友谅没有亲戚关系。陈友定是福建福清人，小商贩出身，在明溪驿担任驿卒。红巾军起义后，陈友定跟随元军镇压汀州、延平义民，被任命为清流县尹。至正二十四年（1364），元朝廷在延平（今福建南平）设置分省，陈友定被任命为平章。

这期间，陈友谅的部将攻打汀州，被陈友定击退。此后，陈友定与陈友谅打了三年，福建大部分地区被陈友定占据。至正二十六年（1366），陈友定扫平福建境内其他武装，八闽之地全部被陈友定割据。

陈友定虽然坐拥八闽之地，但无法收拢各地守将之心。随着朱元璋的节节胜利，陆续有福建守将向朱元璋靠拢。至正二十五年（1365），陈友定曾受元朝廷之命进攻过朱元璋的地盘处州，但被朱元璋的部将朱亮祖击败。因此，朱元璋消灭张士诚之后，即派胡廷瑞为征南将军，何文辉为副将军，出兵福建。至正二十七年（1367）十月，胡廷瑞攻下光泽；十二月，再攻下邵武、建阳。同时，命汤和、廖永忠等人率水师自海道攻取福州，命李文忠部从浦城攻建宁，三路合击陈友定。至正二十八年（1368），陈友定被俘，拥至应天处死。

就这样，朱元璋一路稳扎稳打，收复了遍布各地的割据政权，实力逐步壮大起来。接着，他挥动手中崭新的权杖，欲为元朝的历史画上句号。而元朝统治者们却浑然不觉，仍在为各自的既得利益拼得你死我活。

豪杰消磨叹五陵，发冲乌帽气填膺。
眼前不是无豪杰，身后何须论废兴。
当道有蛇魂已断，渡江无马谶难凭。
可怜一片中原地，虎啸龙腾几战争。

——〔宋〕赵顺孙《感情吟》

祸起萧墙

朱元璋以压倒一切的气势四方征战，元朝廷却依靠几支零散的地主武装苦撑残局。

由于各路起义军蜂起，通向京师的各条道路均被阻断，就连海运也被张士诚和方国珍截断。至正十九年（1359）九月，元朝廷为解决京师饥荒，不得不以御酒、龙衣贿买张士诚，换取海运粮食。

哈麻死后，惠宗以搠思监为右丞相，太平为左丞相。

搠思监在宫内献媚奇皇后，在宫外奉承皇太子。太子爱猷识理达腊急着要做皇帝，与母亲奇皇后密谋逼迫惠宗禅让的事。至正十九年（1359），奇皇后、太子再次密谋夺取皇位，遣宦官、资政院使朴不花联络中书左丞相太平，希望得到支持。但是，左丞相太平态度暧昧，奇皇后和太子很不满意。太平见势不妙，称病辞职，后党势力渐渐控制了朝廷。惠宗的母舅御史大夫老的沙决定出手打击后党势力。对后党不满的一些朝臣，与其结成“帝党”势力，抗衡“后党”。

至正二十三年（1363），老的沙将打击目标对准朴不花。当时，朴不花骄恣不法，早已引起百官的不满。监察御史也先帖木儿、孟也先不花、傅公让等率先发难，弹劾朴不花等人“奸邪之罪”，老的沙乘机奏请惠宗罢免朴不花等人的官职。但是，由于有奇皇后、太子的包庇，朴不花等人平安无事，也先帖木儿等人反而被降职。老的沙不服气，又命陈祖仁、李国凤等人再次上书弹劾。结果，遭到太子和奇皇后的反击，老的沙也丢官罢职。

朝中的帝、后两党为了加强各自的实力，将争夺的范围扩展到朝外的武将。皇太子掌握着军政大权，以扩廓帖木儿为外援。

扩廓帖木儿本姓王，名保保，沈丘（今安徽临泉西北）人，是察罕帖木儿的养子。一直追随察罕帖木儿在地方上组织地主武装，镇压红巾军，惠宗赐王保保蒙古名为扩廓帖木儿。至正二十二年（1362），察罕帖木儿在益都被红巾军将领王士诚、田丰杀死。扩廓帖木儿继承父职，拜太尉、中书平章政事、知枢密院事。

当时，依靠地主武装起家的元朝军阀共有四家，即察罕帖木儿、答失八都鲁、李思齐、张良弼。这四家军阀为了各自的利益，长期互相攻伐不停。扩廓帖木儿继承父业之时，答失八都鲁也病死，其子孛罗帖木儿继任。为了与太子势力抗衡，老的沙就与孛罗帖木儿相互勾结。

不久，太子决定以图谋不轨之罪消灭老的沙。老的沙闻讯逃到大同，寻求孛罗帖木儿的保护。知枢密院事秃坚帖木儿，也随老的沙逃到了大同。太子屡次致信索要，孛罗帖木儿拒不交人。

至正二十四年（1364），右丞相搠思监、朴不花指责孛罗帖木儿图谋不轨，太子下诏削去孛罗帖木儿的官职，命他交出军权，将其发配四川。孛罗帖木儿拒不受命，并于九月，派秃坚帖木儿率军进犯大都，攻入居庸关，号称“清君侧之恶”。这时，惠宗终于出面，将搠思监、朴不花交给秃坚帖木儿，并且恢复孛罗帖木儿的官职。搠思监、朴不花被带回大同斩杀。太子不甘心失败，命扩廓帖木儿出兵攻打孛罗帖木儿。结果，再次招来孛罗帖木儿兵逼大都。

元朝统治阶级内部干戈相见，皇太子战败，出逃到冀宁（今山西太原），投奔扩廓帖木儿。孛罗帖木儿带兵进入大都，惠宗任命其为中书右丞相，节制天下兵马，老的沙为平章政事，秃坚帖木儿为御史大夫。孛罗帖木儿当权后，驱逐了宫中的西蕃僧，诛杀秃鲁帖木儿等多人。逃至冀宁的皇太子爱猷识理达腊，打算在冀宁自立为帝，遭到扩廓帖木儿的反对。自立无人支持，太子只能回宫，但是，孛罗帖木儿在朝当政，太子有家难回。至正二十五年（1365），扩廓帖木儿自称奉太子命征讨孛罗帖木儿，孛罗帖木儿战败。七月，孛罗帖木儿遇刺身亡。

九月，惠宗又诏命扩廓帖木儿领兵拥皇太子还都。这时，奇皇后密信给扩廓帖木儿，要求他趁机带领重兵入京，逼迫惠宗禅位。扩廓帖木儿没有答应，反而请求离开大都，外出带兵。太子虽然回到了大都，但是内禅之事终未得逞。扩廓帖木儿因为护卫太子有功，被封为太傅、左丞相。

闰十月，惠宗加封扩廓帖木儿为“河南王”，并且代替太子总制关、陕、晋、冀、山东诸道兵马，出兵南方。然而，元朝各地的将领如李思齐、张良弼等人根本不肯接受统辖。扩廓帖木儿出兵南方之后，各地将领都抗拒他的调度，张良弼、李思齐、脱列伯、孔兴、张思道等人还结成联盟对抗扩廓帖木儿。为此，扩廓帖木儿派遣部将关保、虎林赤等人出兵陕西，元朝军方的内斗又开始了。

与此同时，扩廓帖木儿与部将貊高、琐住等人又闹出矛盾，被告上朝廷。至正二十七年（1367）十月，惠宗此时就如同墙头草，谁闹得声势大就倒向谁，又下诏罢免了扩廓帖木儿的太傅、中书左丞相等职务，只保留“河南王”的封爵，将其兵权收回，交给琐住、虎林赤、貊高等人分别掌握。然而，这一纸诏令已经无法撼动扩廓帖木儿，扩廓帖木儿带领本部兵马渡过黄河，北屯怀庆（今河南沁阳）。为了防范扩廓帖木儿，惠宗恢复了太子的总制天下兵马权，还为此设立了抚军院。

元朝内部的权臣、军阀连年混战，无异于鹬蚌相争，到了至正二十七年（1367），朱元璋开始渔翁得利，在结束南征之后转向北伐，开启了他最终的收获之旅。

废苑春风杨柳青，

啼莺犹学馆娃声。

百年气数花开落，

一代兴亡潮长平。

——〔宋〕王镃《姑苏述古》

元朝覆灭

至正二十七年（1367）十月，就在元惠宗收回扩廓帖木儿兵权之时，朱元璋下达了北伐令。为了争取北方人的支持，朱元璋对中原百姓发表了由宋濂执笔撰写的北伐檄文——《谕中原檄》。

檄文中称，元朝的统治“实乃天授”，是正统，但由于蒙古贵族“废坏纲常”，所以“亿兆之中，当降生圣人”，“淮右布衣”朱元璋将取而代之。檄文响亮地提出了“驱逐胡虏，恢复中华”的口号，迅速得到了北方的汉族官僚、地主和儒士的广泛支持。檄文同时表示：蒙古人、色目人“愿为臣民者，与中夏之人抚养无异”，借以争取蒙古、色目官员的降服。另外，在大军出发前，朱元璋还把被张士诚拘留在平江的元宗室神保大王、赫罕等九人送回大都，以此分化和争取蒙古贵族的归顺。

根据当时的局势，朱元璋采取稳妥的进军战略，分三步北伐。

第一步“先取山东，撤其屏蔽”；第二步“移兵两河，破其藩篱”；第三步“进兵元都”。

随后，朱元璋命徐达为征虏大将军，常遇春为副将军，统率士兵向山东进发。此前一个月，即九月，攻占平江的第二天，朱元璋已经派出虎贲左卫副使张兴率1000精锐赴淮安待命。十月二十四日，徐达、常遇春率领大军抵达淮安，与张兴会师，并派人诏谕王宣、王信父子。王宣也是靠组织“义兵”起家的，被元朝廷封为“淮南淮北义兵都元帅”，在扩廓帖木儿忙着内部军阀混战之时，王宣父子乘机攻略山东全境。徐达、常遇春大军抵达山东后，王宣父子表示愿意归降，可是不久又反叛，被徐达削平。尔后，益都（今山东省青州市）、般阳（今山东省淄博市）、东平、济南、济宁、莒州、滕州、密州等地望风而降。年底，山东全境尽克。同时，朱元璋派出的征戍将军邓愈，率领偏师也由襄阳北略南阳，进军顺利。

至正二十八年（1368），朱元璋军队攻入河南，同年，扩廓帖木儿也进据太原，杀死元朝廷所置官吏。在生死攸关之际，惠宗没有意识到朱元璋的北伐会对自己产生多大威胁，反而集中力量对付扩廓帖木儿，下诏剥夺扩廓帖木儿的封爵，再命李思齐等人率军讨伐扩廓帖木儿。

同年正月初四，朱元璋在文武百官的簇拥下，于应天府奉天殿登基，正式建国称帝。封妻子马氏为皇后，世子朱标为皇太子。建国号“大明”，年号“洪武”。明王朝就此撞开了历史的大门，公诸天下。应天府一派欢庆，北伐则在有条不紊地推进着。

三月，徐达兵进河南，直入汴梁，荥阳、福昌（今河南康宁东北）、许州、陈州、汝州等地尽归明王朝旗下。

四月，常遇春攻下洛阳，乘胜攻取潼关。五月，朱元璋亲临汴梁，准备进军大都。

这时，惠宗才看清自己的处境，慌忙罢抚军院，恢复扩廓帖木儿的河南王、中书左丞相等官爵。并下令扩廓帖木儿与李思齐等人共同抗击明军，却为时已晚。

闰七月，徐达连破卫辉（今河南卫辉）、彰德（今河南安阳）、广平（今河北永年），诸将“各率马步舟师大会于临清（今属山东）”，而后沿运河北上，破长芦、直沽（今天津），进据通州，这时元朝将士已经自海口逃遁。

大都震惊，惠宗大惧，于二十八日晚带着后妃、太子弃大都北走，逃往上都。八月初二日，徐达率军进入大都。

当时，扩廓帖木儿拥兵数十万驻扎在太原，李思齐、张良弼等元朝军阀盘踞陕西，木华黎的后裔纳哈出独守辽阳金山（今大兴安岭）。元廷北逃到上都开平之后，惠宗令最有实力的扩廓帖木儿率兵出雁门关，由保安州经居庸关进攻大都。

九月，徐达、常遇春南下保定、河间、怀孟，乘扩廓帖木儿出兵大都之机，进攻山西。洪武三年（1370），扩廓帖木儿行军到保安州时得知这一情报，又立即回援太原，结果大败，远逃甘肃。至此，蒙古主力部队全部退出了中原，元朝政权就此结束了对中原大地的统治。

尔后，明朝皇帝朱元璋遣使到上都招降，元惠宗作了一首七律《赠吴王》（也称《答明主》）送给朱元璋：

金陵使者过江来，漠漠风烟一道开。
王气有时还自息，皇恩无处不昭回。
信知海内归明主，且喜江南有俊才。
归去叮咛频嘱咐，春风先到凤凰台。

元朝灭亡了，元惠宗妥懽帖睦尔并未成为明朝政权统治者的阶下囚，仍以不卑不亢的姿态对待朱元璋的胜利。但是，被迫退出中原回到草原之举，却令元惠宗始终无法解去“去国怀乡”之忧，明洪武三年（1370）病逝于应昌。

朱元璋认为元惠宗退出中原是“顺天命，退避而去”，故为妥懽帖睦尔加封号为顺帝。惠宗的儿子爱猷识里达腊在和林即位，称必力克图汗，年号“宣光”，是为“昭宗”，建立北元政权。此后，北元政权又回到了蒙古贵族为夺取大汗宝座而纷争的时代。